MAMOUN FANSA

Großsteingräber
zwischen Weser und Ems

mit Aufnahmen von
Ingeburg Lindner-Olbrich

ISENSEE VERLAG · OLDENBURG

Archäologische Mitteilungen aus Nordwestdeutschland, Beiheft 33

Gedruckt mit Unterstützung der
Niedersächsischen Sparkassenstiftung

Nieder-
sächsische
Sparkassen-
stiftung

Umschlagfoto: Das Großsteingrab I von Kleinenkneten, fotografiert von Wolfgang Knust, Oldenburg

4. Auflage 2009

Bibliografische Information Der Deutschen Bibliothek
Die Deutsche Bibliothek verzeichnet diese Publikation in der Deutschen Nationalbibliografie;
detaillierte bibliografische Daten sind im Internet über <http://dnb.d-nb.de> abrufbar.

ISBN 978-3-89995-626-9

Inhaltsverzeichnis

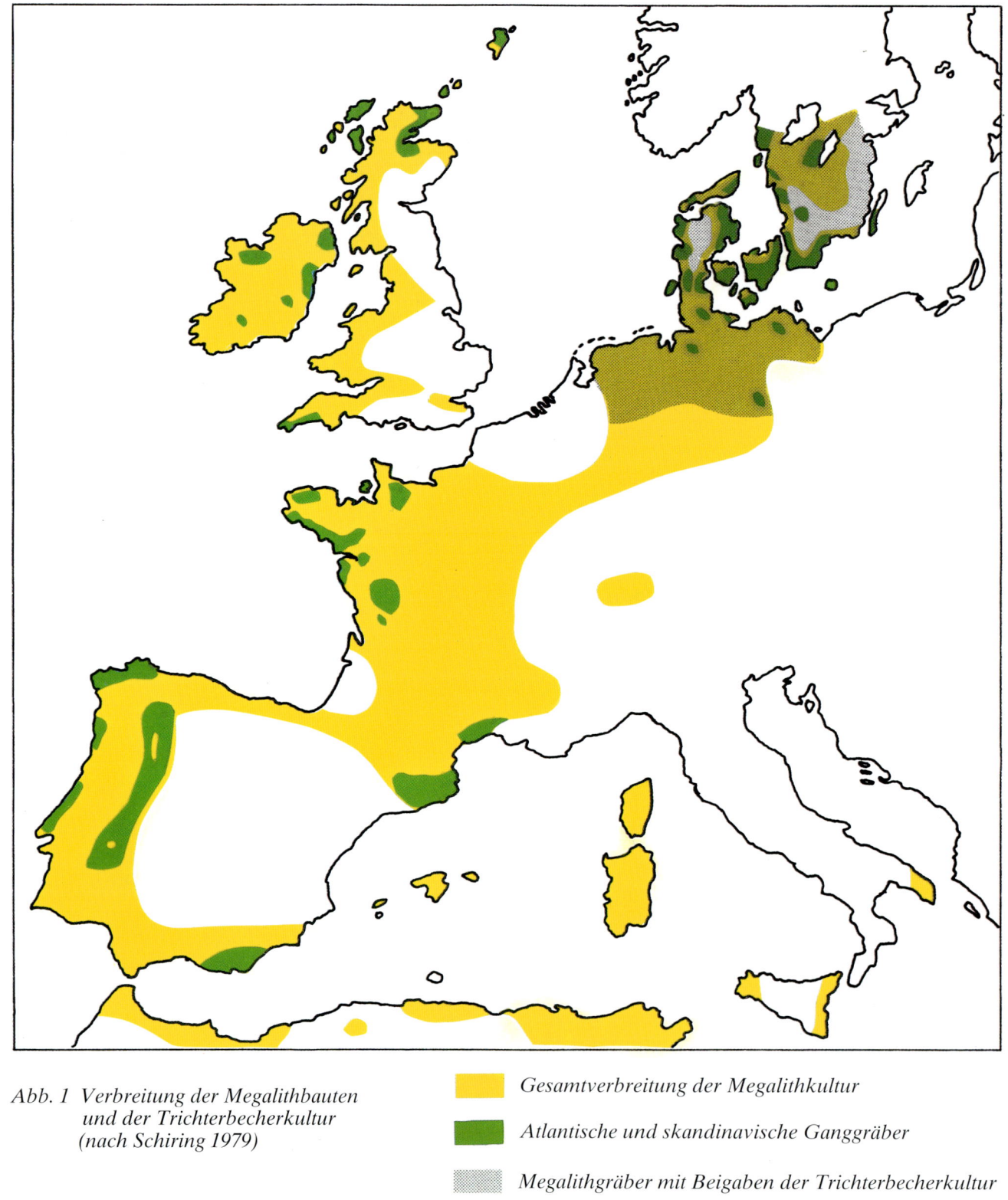

Abb. 1 Verbreitung der Megalithbauten und der Trichterbecherkultur (nach Schiring 1979)

Gesamtverbreitung der Megalithkultur

Atlantische und skandinavische Ganggräber

Megalithgräber mit Beigaben der Trichterbecherkultur

Einführung

Die Großsteingräber unseres Gebietes sind ein kleiner Teil der nord- und westeuropäischen Megalithkultur (um 3000 v. Chr.). Megalithbauten zählen zu den eindruckvollsten der von Menschenhand errichteten Monumente. *Megalith* leitet sich von griechisch *mega* ≙ *groß* und *lithos* ≙ *Stein* ab. Unter Megalithbauten versteht man beispielsweise Menhire, Steinreihen, Steinkreise, Großsteingräber und Tempel, die keine oder nur wenig Steinmetzarbeiten aufweisen. Ihr wesentliches Element ist der aufrecht stehende Stein. Bekanntes Beispiel hierfür ist Stonehenge in England. Megalithbauten gehören unterschiedlichsten Kulturen und verschiedensten Zeitabschnitten an; sie sind überwiegend in Küstenregionen verbreitet. In Europa reicht ihr Verbreitungsgebiet vom Mittelmeerraum bis nach Skandinavien (Abb. 1). Sie sind aber auch in Nordafrika, an der Mittelmeerküste, im Vorderen Orient sowie in den Küstenregionen des indischen Subkontinents zu finden.

Beispiele für Megalithbauten als Wohnanlagen und Tempel kennt man aus Griechenland, die Burgmauer von Mykene, aus Malta, der Tempel von Hagar, und Bauten auf Korsika und Sardinien. Die nordwestdeutschen Megalithbauten sind ausschließlich Grabanlagen, die zu einem bestimmten Kulturabschnitt der Jungsteinzeit gehören. Mit ihren verschiedenartigen Formentwicklungen von Dolmen, Ganggrab und Galeriegrab bilden sie die wichtigsten Bestattungsanlagen der Jungsteinzeit in Nord- und Westeuropa. In Nordwestdeutschland kennt die Forschung neben wenigen bekannten Flachgräbern das Ganggrab als Grabform für mehrere Tote. Die Großsteingräber in Nord- und Westeuropa sind lange Zeit durch abwegige Spekulationen falsch gedeutet worden. Ihre kulturhistorische Bedeutung ist in der Fachwelt in den letzten Jahrzehnten in den Mittelpunkt der Forschung gerückt. Die Gräber waren seit Jahrhunderten Opfer der Zerstörung; ihre ursprüngliche Zahl können wir nur vermuten. Dieser Bildband will dazu dienen, das kulturgeschichtliche Erbe der Jungsteinzeit einer breiteren Bevölkerung zugänglich zu machen. Von den Gräbern zwischen Weser und Ems wurden die guterhaltenen ausgesucht, fotografiert und knapp beschrieben. Es sind Großsteingräber aus den Landkreisen Oldenburg, Cloppenburg, Vechta, Osnabrück und Emsland.

Um dem Leser die Möglichkeit zu geben, sich darüber hinaus zu informieren, wurden die Nummern aus dem Atlas der Megalithkultur von Niedersachsen und Westfalen, Band 3, von Ernst Sprockhoff und die Nummern der Denkmalerfassung des Instituts für Denkmalpflege Hannover als Anmerkungen aufgeführt. Die Ortsnamen, Gemeinden und Landkreisangaben wurden dem Gemeindeverzeichnis von 1976 entnommen. Die Beschreibung der Gräber beschäftigt sich mit den wesentlichen Merkmalen, wie Erhaltungszustand, Grabform, Lage, Maßangaben und mit den Informationen über etwaige Untersuchungen.
Eine Karte des Gebietes zwischen Weser und Ems dient der Kartierung der Gräber. Sie soll dem Leser die Orientierung und das Auffinden der Gräber erleichtern.

Mein Dank gilt dem Staatlichen Museum für Naturkunde und Vorgeschichte Oldenburg für vielfache technische Hilfe.

Kulturgeschichte der Großsteingräber
zwischen Weser und Ems

Grabformen in Nordwestdeutschland

Die Großsteingräber in Nordwestdeutschland gehören zu den Ganggräbern. Dolmen - Gräber, die mit nur *einem* Deckstein gebaut sind, wie wir sie aus dem östlichen Verbreitungsgebiet kennen - gibt es in Nordwestdeutschland nicht. Abgesehen von zwei Gräbern mit zwei Decksteinen, in Visbek und auf dem Hümmling, haben alle Gräber zwischen Weser und Ems mehr als zwei Decksteine. Die Länge der Kammer ist variabel, die Breite hingegen fast immer gleichbleibend, sie schwankt zwischen zwei und drei Metern. Der Eingang ist überwiegend kurz und liegt meist auf der Südseite. Grabkammern mit vier Decksteinen finden sich häufig bei den Gräbern im südlichen Oldenburg, im Osnabrücker Raum und auf dem Hümmling im Emsland. Die Kammern liegen unter einem Erdhügel oder in einer rechteckigen oder ovalen Umwallungsanlage aus Stein (Hünenbett). Manchmal sind die Umwallungsanlagen um ein Vielfaches größer als die Kammer. Beispiele hierfür sind Visbeker Braut und Bräutigam bei Engelmannsbäke. Die Anlage des Visbeker Bräutigams hat eine Länge von 104 Metern, die Kammer nimmt davon nur 7 Meter ein (Grab Nr. 37, Seite 106). Der jetzige Zustand der Gräber gibt uns keinen Hinweis darauf, ob alle Gräber einst mit Einfassungssteinen versehen waren, die heute verschwunden sind, oder ob sie von Anfang an ohne Umwallung gebaut waren. Detaillierte Untersuchungen dazu sind in der Umgebung der Gräber bis jetzt nicht durchgeführt worden. Eine Geländebeobachtung legt den Schluß nahe, daß ein Teil dieser Gräber ohne Umwallungssteine errichtet worden ist, das heißt, sie bestanden nur aus einer Kammer mit einem Eingang und einem Hügel darüber.

Die Anlagen mit rechteckiger Umwallung kommen häufig im südlichen Oldenburg vor; die großen Kammern mit mehr als sechs Decksteinen liegen in Ovalumwallung und sind häufig im Emsländischen zu beobachten, wie z.B. in Werlte. Dort hat die Kammer eine Länge von 29,5 Meter (Grab Nr. 8, Seite 49). Eine Ausnahme bei der ovalen Einfassung bildet die Anlage in Thuine (Grab Nr. 21, Seite 74), sie ist mit zwei ovalen Steinreihen eingefaßt.

Zusammenfassend lassen sich mehrere Haupttypen der Gräber zwischen Weser und Ems herauskristallisieren (Abb. 2):
1. Grabkammer in einer rechteckigen Einfassung
2. Grabkammer in einer ovalen Einfassung
3. Ganggrab ohne Einfassungssteine, rechteckig
4. Trapezförmige Grabkammer
5. Grabkammer in einem Erdhügel

Die Gräber zwischen Weser und Ems liegen meistens in Grund- und Endmoränenbereichen, z.T. auch in Randzonen zwischen einem Höhenzug und einer Talaue. In Südoldenburg bevorzugten die Baumeister der Jungsteinzeit die Geestrücken bei Wildeshausen und Ahlhorn. Im Emsgebiet liegen die Steingräber nahe der Ufer der Ems auf Lehmböden, die Osnabrücker Gruppe liegt in einer Hügellandschaft. Häufig liegen die Gräber im Emsland und im Osnabrücker Raum an uralten Handelswegen.

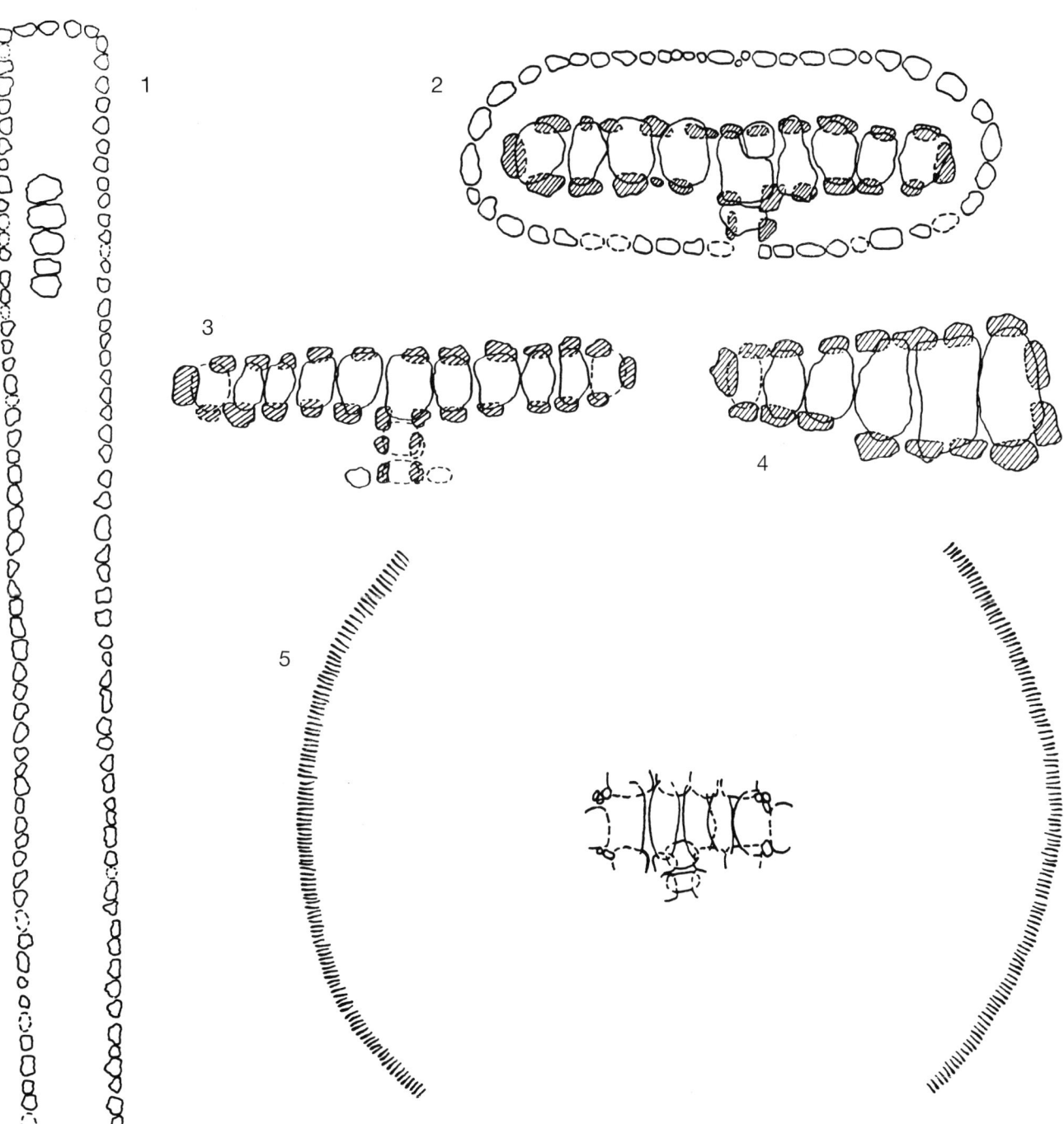

Zusammenfassend lassen sich mehrere Haupttypen der Gräber zwischen Weser und Ems herauskristallisieren:
1. Grabkammer in einer rechteckigen Einfassung
2. Grabkammer in einer ovalen Einfassung
3. Ganggrab ohne Einfassungssteine, rechteckig
4. Trapezförmige Grabkammer
5. Grabkammer in einem Erdhügel

Abb. 2 Die verschiedenen Typen von Großsteingräbern zwischen Weser und Ems.

Bau der Großsteingräber

Die Großsteingräber der Jungsteinzeit interessierten in der Vergangenheit nicht nur als Zeugen früher religiöser Vorstellungen, sondern erweckten auch die Neugier der Menschen, wie die technischen und organisatorischen Probleme bewältigt wurden, die mit solch gewaltigen Bauten verbunden sind.

Wie konnten die Menschen die riesigen Steine bewegen, nach welchem Aufbausystem wurden sie aufgerichtet - das waren die Hauptfragen, die schon im Mittelalter und in der frühen Neuzeit gestellt wurden und die dann je nach dem Stand des technischen Wissens beantwortet wurden.

Der dänische Geschichtsschreiber Saxo Grammaticus vertrat die Auffassung, daß es nur Riesen gewesen sein können, die derartige Tätigkeiten vollbringen konnten. Aus dieser Erklärung ist so auch die Bezeichnung Hünenbetten abzuleiten (Hünen = Riesen). Hier sind die Gräber mit den Umwallungssteinen gemeint, deren Kammer als letzte Ruhestätte für einen Riesen angesehen wurde. (SCHIRNIG 1979.2)

1660 schrieb der Bentheimer Forscher, Theologe und Arzt Johan Picardt in seinem Buch in niederländischer Sprache folgendes über die Großsteingräber:

„Sicher ist es, daß diese Steindenkmäler nicht von Menschen unserer Gestalt und auch nicht von Einheimischen errichtet wurden. Diese besaßen nicht die Kraft und die Handfertigkeit, solche gewaltigen Prachtbauten zu errichten, auch hatten sie keine Maschinen oder Instrumente, um solche schweren Steine von weither durch unwegsames Gelände zu transportieren und schließlich übereinander zu stapeln, da diese Steine sehr groß und schwer waren. Es ist vorgekommen, daß eine Kompanie Soldaten versucht hat, einen der obersten Steine zu bewegen, bzw. herunterzuwälzen, aber trotz aller Anstrengungen dieser 150 Mann rührte sich dieser Stein nicht von der Stelle. Sie sind alle zusammen Begräbnisplätze von grausamen und barbarischen Riesen, Hünen oder Giganten, den Nachkommen von Menschen schrecklicher Gestalt, riesigen Kräften und tierischer Wildheit, die weder Gott noch die Menschen gefürchtet haben, die nur geboren waren zum Unglück des menschlichen Geschlechts. Diese gewaltigen Riesen sind in dieses Gebiet aus den Ländern Schweden, Norwegen, Finnland und Dänemark gekommen. Alle diese nordischen Länder wimmelten in den allerältesten Zeiten von Riesen, die ursprünglich aus dem Lande Kanaan stammen." (SCHIRNIG 1979.2) (Abb. 3)

1714 widersprach Johann Heinrich Cohausen, der Leibarzt des Fürstbischofs von Münster, dieser Theorie von Picardt und schrieb: „Wenn wir auch keine Räder und Hebelmaschinen hatten, so war uns doch die sehr einfache Methode nicht unbekannt, durch Knötel und Hölzer Walzenmassen von ungeheuer großem Gewicht nach Wunsch zu bewegen . . ., nicht zuletzt unter Zuhilfenahme der sehr kräftigen Hebelbäume unserer Gliedmaßen." 1928 wurde der Text von Pfarrer Martin Mushard, der bereits 1764 verfaßt wurde, veröffentlicht: „Da doch die alten Einwohner Menschen von Witz und Verstand gewesen, die sich zusammengetan und mit Hebelbäumen und Kränen solche Großsteine hinaufgebracht haben" (MUSHARD, 1928). 1864 wurde die Vorstellung von Bauer Grumfeld aus Westerholte bei Osnabrück über den Bau der Megalithgräber beschrieben. Es heißt in den Nordwestdeutschen Skizzen von J. G. Kohl 1864 „Grumfeld selbst, ... ein langer, ernster, hagerer Mann, der uns von einem Grabe zum anderen begleitete, hatte auch schon wie mancher andere über die Schwierigkeiten nachgedacht, die unsere alten Vorfahren bei der Zusammenstellung der kolossalen Steinblöcke überwinden mußten, und hatte sich darüber eine ganz eigentümliche Theorie gebildet, die ich hier wiederholen mag, da sie mir neu und nicht ganz verächtlich schien. Er meinte, die Alten hätten die Steine im Winter auf einer Schnee- und Eisbahn transportiert. Auf gefrorenem Schnee, so räsonierte er, sei es leicht, die größten Blöcke mit Stricken zu bewegen. Mit Hilfe des Schnees und Eises, glaubte er, hätten sie auch die gewaltigen ‚Decksteine' auf die kleinen Träger hinaufgebracht. Diese letzteren hätten sie erst in ihrer Ordnung aufgestellt, dann hätten sie dieselben unter Schnee begraben und darauf zu diesem Schneehügel eine lange, allmählich aufsteigende Schnee- und Eisbahn mit Hilfe aufgegossenen Wassers hergestellt. Die großen Blöcke wurden nun nach der Ansicht meines Bauern ‚hinaufgeschleift und lagen dann, nachdem der Schnee weggeschmolzen, auf den Spitzen ihrer Träger'." (SCHIRNIG 1979.3)

König Friedrich VII. von Dänemark beschäftigt sich 1863 mit Detailfragen des Großsteingrabbaues. Er schreibt beispielsweise über den Transport der Steine: „Als Hülfsmittel sind nichts anderes erforderlich als hölzerne Keile, Hebebäume, hölzerne Rollen, Tauwerk aus Häuten, lange Balken oder Schienen und vielleicht Zugthiere, also nur was man im Steinalter kannte und benutzte ... Durch hölzerne Keile, Schwungkeulen und Hebebäume mußte man den Stein ungefähr einen Fuß heben können, erst das eine Ende und dann das andere, und mußte man dadurch Balken unter denselben schieben können, welche gleichsam als Schienen oder Bahn dienen sollten. Wenn der Stein mit seiner flachen Seite auf diesem Balken ruhte, mußte er wieder auf dieselbe Weise gehoben werden und man konnte dann die Rollen zwischen dem Stein und dem Balken anbringen, wodurch die Bewegung in hohem

Abb. 3 Der Bau von Großsteingräbern, wie ihn sich Johan Picardt 1660 vorstellte (nach Schirnig 1979)

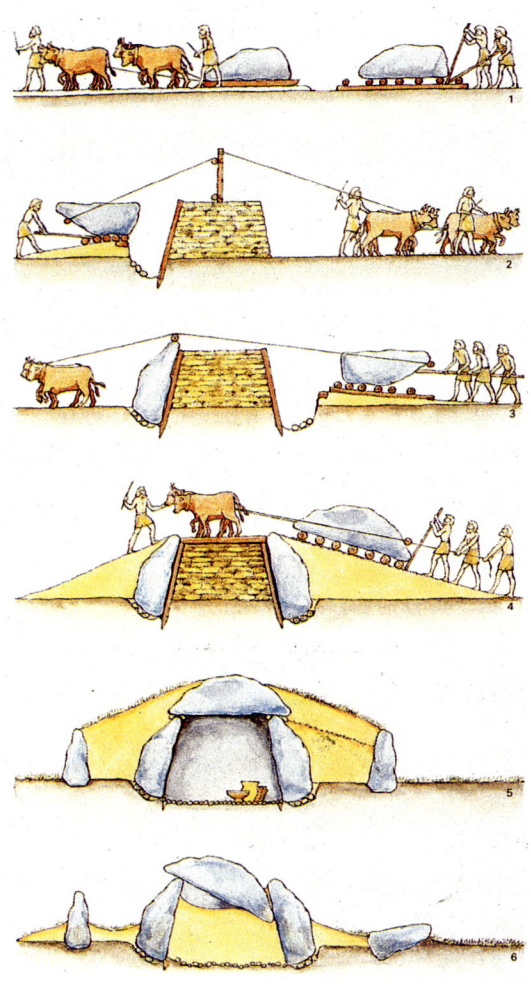

Abb. 4 Schematische Darstellung, zeigt den Bau eines Großsteingrabes (nach „Verleden Land, Archeologische opgravingen in Nederland", J.H.F. Bloemers u. a., 1981)

1. Transport
2. u. 3. Errichten der Tragsteine
4. Transport und Aufstellung eines Decksteins
5. Die fertige Anlage mit einem Erdhügel
6. Der jetzige Zustand

Grade erleichtert werden mußte. Man konnte nun starke Taue aus Haut um den Stein schlingen und an diesen Tauen mit den vereinigten Kräften von Menschen und Ochsen ziehen. Durch die Schwungkeule konnte man die Bewegung in Gang setzen und auf einem ansteigenden Terrain unterstützen; durch den Keil konnte man das Zurückrollen verhindern und sich eine Rast verschaffen. Die gebrauchten Rollen, welche hinten wegfielen, konnte man vorn wieder unterlegen, eben so wie die passierten Balken oder Schienen durch andere ersetzt oder wieder vorn, eben wie die Rollen, benutzt werden mußten."

König Friedrich VII. äußert sich auch über die verschiedenen Methoden des Kammerbaues: „Der Bau der Grabkammer konnte ohne Zweifel nach zwei Methoden ausgeführt werden, von welchen nach Beschaffenheit des Terrains oder nach anderen Umständen bald die eine bald die andere gewählt wurde. Entweder konnte man erst den Deckstein mit der flachen Seite nach unten an seine Stelle hinlegen und darauf mit den Wandsteinen einen Unterbau unter demselben machen, oder man konnte zuerst die Wandsteine aufstellen und darauf die Decksteine als Decke auf diese bringen. ... man ließ die Erde unter dem Deckstein bleiben, um denselben zu tragen, bis alle Wandsteine angebracht waren, und erst wenn dieses geschehen war, räumte man die Erde unter dem Deckstein hinweg, welcher dann auf den Wandsteinen ruhte. .. Die oben noch offene Kammer mit dazugehörendem Eingang mußte darauf mit Erde, Lehm und Kies angefüllt und festgestampft werden, damit sie unter der folgenden Arbeit, vornehmlich der Anbringung des Decksteins oder der Decksteine, nicht nachgebe oder zusammenfalle. Man mußte deshalb nächstdem vermuthlich gleichfalls Erde außen um die Kammer aufschütten, wenigstens an der einen Seite, von welcher her der Deckstein hinaufgebracht werden sollte, und dadurch eine von dem Niveau des Feldes bis zu der obersten Kante der aufgerichteten Wandsteine ganz sanft aufsteigende Ebene herstellen; denn die Balken, auf welchen der Deckstein hinaufgezogen werden sollte, mußten eine feste Unterlage haben, und die so zusammengebrachte Erde konnte später zur Bedeckung der Grabkammer benutzt werden." (SCHIRNIG 1979.5) (Abb. 4)

Auch an den Technologien der Antike orientieren sich Erklärungsversuche zum Bau von Großsteingräbern. Aus einer ägyptischen Darstellung aus der Zeit um 2000 v. Chr. läßt sich eine Methode ableiten, die für die Bewegung der Steine realistisch erscheint. 90 Personen ziehen eine Statue, die auf einem Holzschlitten aufgestellt worden ist (Abb. 5).

Durch EDV-Verfahren ist es gelungen, mit Hilfe eines Simulationsprogramms zu berechnen, wie hoch die Arbeitsleistung beim Bau eines Großsteingrabes gewesen sein muß. Die Fragestellung von Johann Müller aus Freiburg war folgende: Wieviele Personen haben wie lange an der Errichtung des Großsteingrabes

von Kleinenkneten bei Wildeshausen, Ldkr. Oldenburg, gearbeitet? Nach Müllers Berechnung war für das Großsteingrab in Kleinenkneten eine Bauzeit von rd. 110000 Stunden nötig. Demnach hätte diese Anlage von hundert Personen bei täglich zehn Stunden Arbeit in etwa 3½ Monaten erbaut werden können (Abb. 6). Zu diesem Ergebnis kam Müller mit Hilfe einer Computerberechnung, die auf Erfahrungen der experimentellen Archäologie mit Erd- und Steinarbeit und der ethnographischen Beobachtung basiert. Ferner wurde die Grabungsdokumentation von Karl Michaelsen zugrunde gelegt. Die Grabkammer des Großsteingrabs Kleinenkneten liegt in einer 50 Meter langen, rechteckigen Steineinfassung. Das Großsteingrab besteht aus mehrere Tonnen schweren Steinblöcken, die nach einem bestimmten Bausystem errichtet worden sind. Danach mußten für die Kammer des Großsteingrabs 11 Trag-

Abb. 5 Transport einer ägyptischen Statue

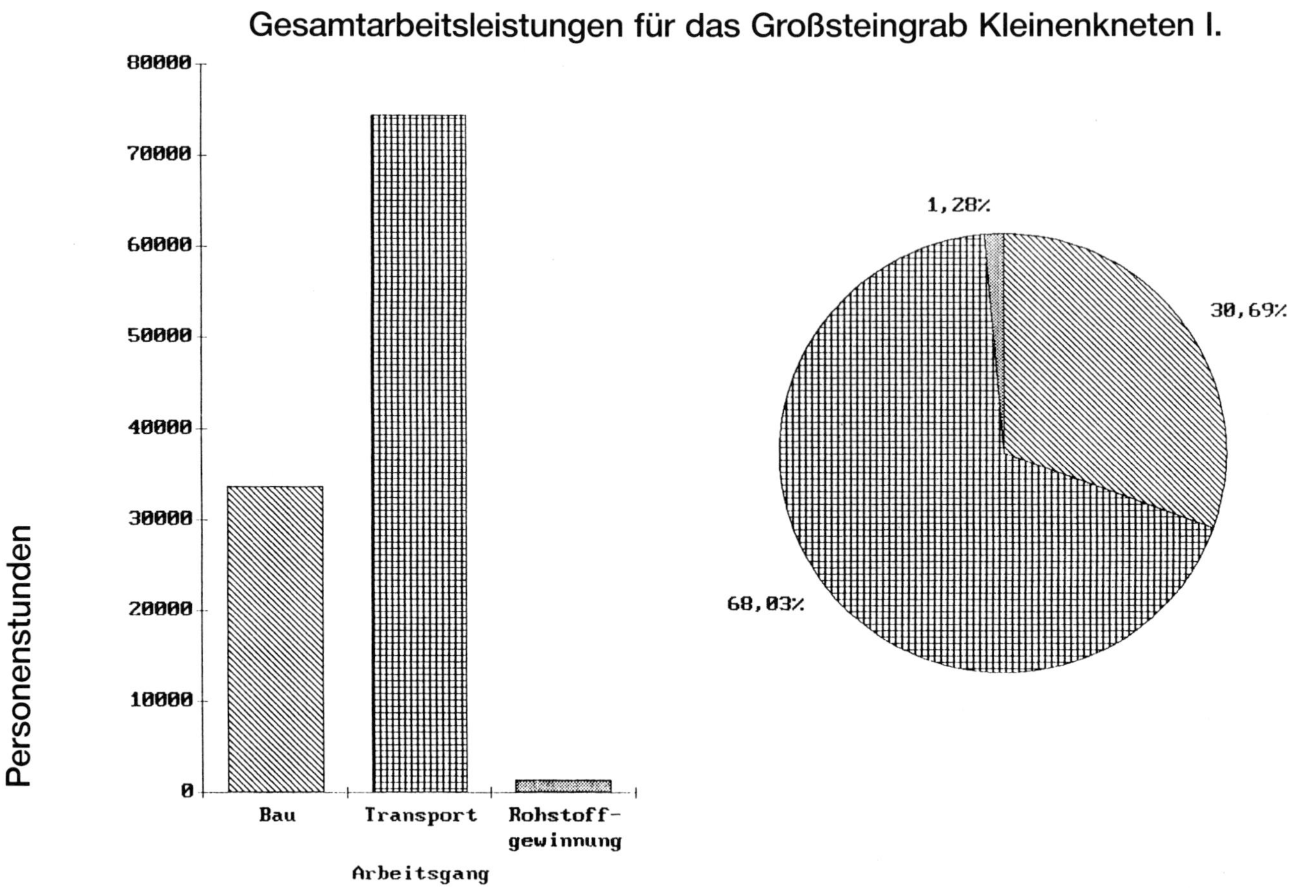

Gesamtarbeitsleistungen für das Großsteingrab Kleinenkneten I.

Abb. 6 Gesamtarbeitsleistungen beim Bau des Großsteingrabs Kleinenkneten I. (Nach Müller 1990).

steine und 3 Decksteine zum Bauplatz herantransportiert und in eine bestimmte Position gebracht werden. Am schwersten waren die drei Decksteine mit einem geschätzten Gewicht von 15 bis 42 Tonnen. Für die zwischen 2 und 8,6 Tonnen schweren Tragsteine mußten Sandgruben von etwa 2 m³ Größe ausgehoben werden. Außerdem wurden etwa 80 m³ Geröll als Baumaterial benötigt.

Für den Gang zur Kammer des Grabes galt es, vier insgesamt etwa 4 Tonnen schwere Blöcke und 1 m³ Steinmaterial zu beschaffen. Einen erheblichen Aufwand erforderte auch die Außenanlage. Hier mußten durchschnittlich 2 Tonnen schwere Blöcke herantransportiert werden, Sandgruben von insgesamt 60 m³ Größe gegra

ben und die Blöcke aufgerichtet werden. Für das Aufwerfen des Hügels wurden 700 m³ Erde gebraucht. Für die Rohstoffgewinnung waren 1400 Arbeitsstunden, für den Transport sämtlicher Rohstoffmaterialien zur Baustelle 47490 und für die Arbeit direkt am Bauplatz 33160 Stunden nötig, davon entfielen etwa 3/4 auf die Außenanlage und nur 1/4 auf die Kammer und die Gangkonstruktion. Den größten Teil dieser Arbeit nahm das Aufrichten der Blöcke zu Tragsteinen und das Auflegen der Decksteine in Anspruch.

Ob diese Berechnung als realistisch anzusehen ist, läßt sich erst nach einer tatsächlichen Durchführung eines solchen Experimentes sagen. Zumindest geben uns die Zahlen eine ge wisse Vorstellung über die Arbeitsleistung, dämpfen aber gleichzeitig übertriebene Vorstellungen vom Arbeitsaufwand, wie sie bis vor kurzem postuliert wurden.

Funktion

Die Großsteingräber sind als Bestattungsplätze für mehrere Personen, möglicherweise für eine Familie, in der näheren Umgebung ihres Siedlungsplatzes angelegt. Untersuchungen in Dänemark, wo man in solchen Anlagen relativ gut erhaltene menschliche Skelette fand, haben ergeben, daß in einem Großsteingrab ca. 100 Personen bestattet waren. Eindeutige Belege für unsere Region zwischen Weser und Ems oder für die Westgruppe der Megalithgräber sind nur selten oder fehlen vollständig. Abgesehen von vereinzelten Gräbern im Osnabrücker Raum, wie in Hilter (SCHLÜTER 1985), wo die Erbauer der Großsteingräber aus Mangel an Granitsteinen die Kammer mit Kalkplatten ausgelegt haben, sind alle Gräber mit Granitsteinen ausgelegt, so daß die Skelette in dem kalkarmen Boden nicht erhalten sind. Die Annahme, daß Großsteingräber nur zum Sammeln von Skelettresten als eine Art Beinhäuser dienten, ist mittlerweile überzeugend widerlegt worden. In Niedersachsen sind die Erhaltungsbedingungen derartig ungünstig, daß die Frage nach dem Bestattungsritus und nach dem Bestattungsvorgang nicht eindeutig geklärt werden kann.

Beigaben

Die Erbauer der Großsteingräber haben an das Leben im Jenseits geglaubt. Dafür sprechen die zahlreichen Beigaben, die man insbesondere in den Gräbern zwischen Weser und Ems gefunden hat. Den größten Teil dieser Beigaben macht die Keramik aus. Elisabeth Schlicht fand in einem Großsteingrab in Emmeln, Ldkr. Emsland ca. 25 Zentner Keramikscherben. Die Untersuchung an dem Megalithgrab am Schießstand in Dötlingen, Ldkr. Oldenburg, erbrachte ca. acht Zentner Scherben, aus denen fast 400 Gefäße rekonstruiert werden konnten. Es handelt sich hierbei um Keramik der *Trichterbecherkultur* (3000 v. Chr.), die zur Hälfte mit Tiefstichverzierungen versehen ist. Ob die Gefäße einst bei Grabfeiern zu Bruch gingen oder zunächst heil waren und erst im Laufe der Zeit durch heruntergestürzte Decksteine zerstört wurden oder ob gar Grabräuber in der vor- und frühgeschichtlichen Zeit den Schaden verursachten, läßt sich nicht mehr eindeutig klären.

Die Keramik in den Megalithgräbern ist die erste, die uns in dieser Region überhaupt bekannt geworden ist. Der Ton wurde durch Zugabe von Sand und Kiesel für die Herstellung von Gefäßen gemagert. Die verschiedenen Magerungselemente sind an den Bruchstellen zu erkennen. Als Magerung wurde feiner Sand oder feiner Granitgrus mit dem Ton vermischt. Die Magerung verhindert das Platzen und Reißen der Gefäße beim Brennen. Der Ton stammt aus der Umgebung der Gräber, es handelt sich also um einheimisches Material. An der Innenseite der Gefäße bzw. der Scherben läßt sich ablesen, daß sie zum Teil aus Klumpen geformt wurden. Dies ist besonders bei den verzierten Schalen der Fall. Der größte Teil der Gefäße ist jedoch als sogenannte Aufbaukeramik hergestellt, dabei wurden die Tonwülste spiralförmig aufeinander gelegt. Die einzelnen Wülste lassen sich häufig im Bruch erkennen. Die Wandung wurde mit feuchter Hand glattgestrichen oder mit einem feuchten weichen Gegenstand glattpoliert. Eine zusätzliche Glätte und Dichte der Oberfläche konnte durch Übergießen mit flüssigem Ton (Slip) erreicht werden. Er wurde auf die Gefäßoberfläche vor dem Brand oder der Verzierung aufgetragen.

Die Wandstärke der Gefäße variiert zwischen 2 und 8 mm. Die Henkel sind aus Rollen gebildet und in der Regel durch einen Lochzapfen an den Gefäßen befestigt worden. Diese wurden bis zur Lederhärte an der Luft getrocknet, danach wurde die Verzierung eingestochen, geritzt oder eingedrückt, schließlich wurde das Gefäß bei einer Temperatur zwischen 400 und 500 Grad Celsius gebrannt. Ob die Gefäße in einem

1

4

2

5

3

*Abb. 7 Verschiedene Gefäße der Trichterbecherkultur
aus den Großsteingräbern zwischen Weser und Ems.
1. Trichterbecher
2. steilwandige Becher
3. Schale
4. Kragenflasche
5. Schultergefäß*

Ofen oder bei offenem Feuer gebrannt sind, läßt sich nicht sagen.

Einige Gefäße wurden mit einer weißen Masse bestrichen, die sich in die Verzierungstiefe hineingesetzt hat. Möglicherweise handelte es sich um eine Art Kalk. Eine genaue Analyse liegt bis jetzt nicht vor. Auf jeden Fall hatte sie den künstlerischen Effekt, daß die Verzierungen sich von der Tonoberfläche in der Regel graubraun abhoben.

Das Beispiel dieser Keramikherstellung zeigt, daß die Bevölkerung der Trichterbecherkultur Sinn und Gefühl für Form und Verzierung gehabt hat. Bestimmte Formen bevorzugten sie und schufen sie in immer unterschiedlicheren Variationen: die typischen Gefäßformen der Megalithkeramik in Norddeutschland sind Schalen, Schultergefäße, Kragenflaschen und Becher, die wegen ihres trichterförmigen Halses als Trichterbecher bezeichnet werden und der Kultur ihren Namen gaben (Abb. 7).

Bei der Verzierung wiederholen bestimmte Motive häufig die Wellenlinie, die horizontale und die vertikale Linie allein oder in Gruppen, auch Winkel oder Leiterbänder und Kombinationen dieser Elemente (Abb. 8). Die Frage, ob die Schmuckelemente im einzelnen oder in der Kombination eine bestimmte Bedeutung hatten, läßt sich nicht sicher beantworten.

Neben der Keramik gaben die Menschen ihren Toten auch Steinwerkzeuge als Beigaben in die Gräber, und zwar Steinbeile aus Feuerstein oder aus Felsgestein (Abb. 9). Auch Feuersteinpfeilspitzen, überwiegend in trapezförmiger Gestalt (Abb. 10), wurden häufig in den Gräbern gefunden. Schmuck dagegen ist nur vereinzelt in den Gräbern registriert. So zum Beispiel scheibenringförmige Perlen aus Bernstein, von denen 158 Stück in dem Grab von Emmeln 2, Ldkr. Emsland, gefunden wurden. Auch in dem Großsteingrab bei Dötlingen (Schießstand) wurde eine Perlenkette aus Bernstein gefunden. (Abb. 11) Aus den verschiedenen Gräbern zwischen Weser und Ems sind auch Schmuckteile aus Kupfer bekannt.

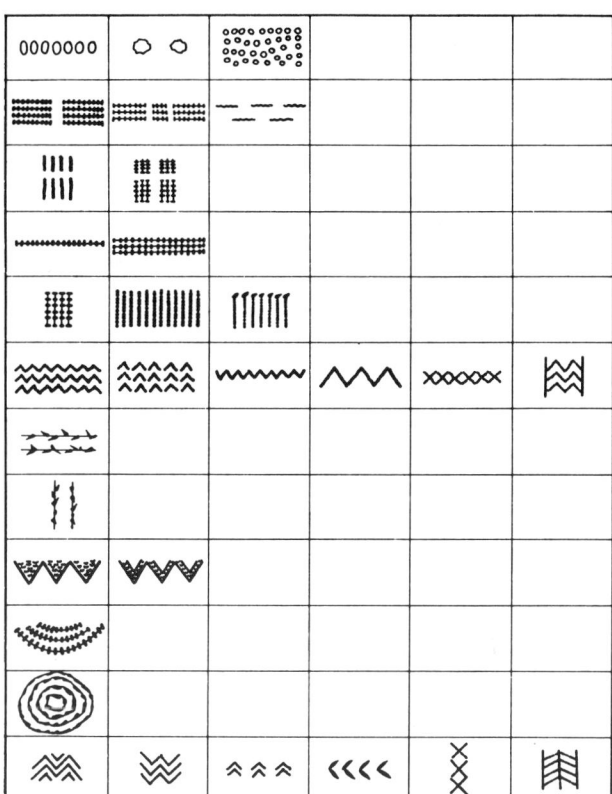

Abb. 8 Verschiedene Variationen der Verzierungselemente auf den Gefäßen der Trichterbecherkultur

Umwelt und Siedlung

Als die Großsteingräber gebaut wurden, war der größte Teil Nordwest-Europas mit Wäldern bedeckt, und zwar mit Eichenmischwald. Die Küstenlinie der Nordsee lag zu dieser Zeit südlicher als heute. Pollenanalytische Untersuchungen haben gezeigt, daß die klimatischen Verhältnisse der Jungsteinzeit etwas wärmer als das heutige Klima in Nordwestdeutschland waren.

Am Ende der letzten Eiszeit (10000 v. Chr.) hatten sich die ökologischen sowie die klimatischen Verhältnisse zugunsten des Menschen verändert. Der Eichenmischwald (Eiche, Birke, Esche, Linde, und Ahorn) setzte sich durch, das

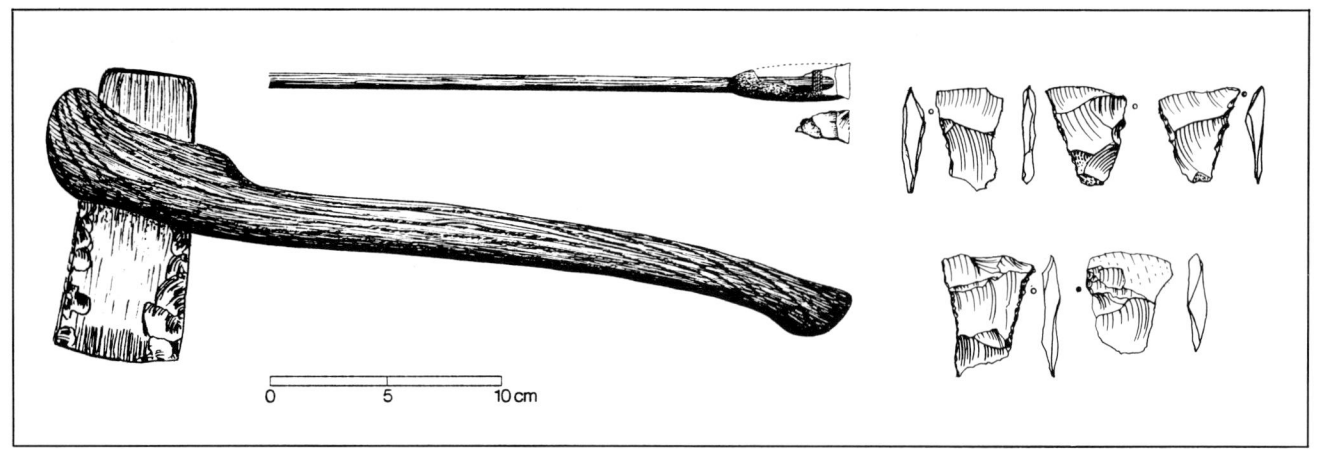

Abb. 9 und 10 Außer der Grabkeramik sind in den Großsteingräbern häufiger Steingeräte beigegeben, darunter Beilklingen aus verschiedenen Hartgesteinen und Pfeilspitzen aus Flint. Durch Moorfunde aus Dänemark, wo gute Voraussetzungen für die Erhaltung organischer Materialien gegeben sind, wissen wir, daß Feuersteinbeilklingen und Pfeilspitzen mit hölzerner Schäftung versehen waren.

Klima wurde bedeutend wärmer. Gejagt wurde nun das am Waldrand beheimatete Wild (Hirsch, Reh, Elch). Außerdem wurde in Bächen und Flüssen gefischt. Die Menschen sammelten alles, was eßbar war, Früchte und Wurzeln, Körner und Schnecken.

Um 8000 v. Chr. begannen die Menschen gezielt Pflanzen anzubauen und Tiere zu zähmen. Diese Umstellung von der aneignenden zur produzierenden Wirtschaftsweise, auch „neolithische Revolution" genannt, fand in verschiedenen Regionen der Erde wohl unabhängig voneinander statt. So im Vorderen Orient (fruchtbarer Halbmond) und in Afrika. Seither wurde die Natur in einem Jahrtausenden währenden Prozeß Objekt der planmäßigen Ausbeutung durch den Menschen.

Aus naturwissenschaftlichen Untersuchungen wissen wir, daß die Einführung von Ackerbau und Viehzucht in den nordwestdeutschen Regionen etwa in der Zeit um 3500 v. Chr. stattgefunden haben muß, d.h. in der Zeit der Großsteingräber in Nordwest-Niedersachsen. In welcher Art und Weise sich die Einführung der bäuerlichen Kultur in Nordwestdeutschland auf

das Leben der Menschen ausgewirkt hat, läßt sich nicht genau sagen.

Die Umstellung auf den Ackerbau hat noch weitaus wichtigere Konsequenzen gehabt: So wurden die Beziehungen zwischen den Gruppen durch die Seßhaftigkeit stabiler. Die verwandtschaftlichen Beziehungen spielten in dem sozialen Gefüge eine neue, größere Rolle. Die Gruppen begannen sich auf weitere Gebiete auszudehnen, und es bildeten sich vermutlich Organisationen in der Art von Gruppen heraus. Zu dieser Zeit wurde auch die Neigung zum Besitztum stärker und die Führung durch autoritäre Personen herausgebildet. Ebenso ist das Denken in die Zukunft mit Zeit und Kalender eine Schöpfung der Ackerbauern, wie auch die Feldmessungen, das Rechnen und die Vorratshaltung.

Die bäuerliche Lebensweise war die wichtigste Lebensgrundlage der Menschen bis zur industriellen Produktion. Der Ausgangspunkt der bäuerlichen Kultur lag im Vorderen Orient. Von hier aus erreichte sie allmählich den Balkan, die donauländischen Regionen Mitteleuropas und breitete sich seit etwa 5000 v. Chr. in den Lößlandschaften des mittleren Europa als bandkeramische Kultur aus. Sie erreichte weite Räume wie das Pariser Becken, Belgien und die südlichen Niederlande einschließlich des Oberrheintales, den Main-Neckar-Raum, Ostwestfalen, das südliche und westliche Mitteldeutschland und nicht zuletzt das südliche Niedersachsen.

Durch die Pollenanalyse wissen wir, daß die Erbauer der Großsteingräber drei Getreidearten angebaut haben, nämlich Einkorn, Emmer und Gerste. Vereinzelt sind diese Getreidearten als Abdrücke auf den Keramikscherben nachgewiesen. Es gibt Hinweise auf den Anbau von Lein. Ölspuren in bestimmten Gefäßen sind nachgewiesen.

Mahlsteine aus Granit sind von verschiedenen Fundstellen aus Nordwestdeutschland bekannt.

Die Menschen der Jungsteinzeit waren hier nicht nur Ackerbauern, sondern auch Viehzüchter. Es sind aber fast keine Knochen von Haustieren im Zusammenhang mit Großsteingräbern gefunden worden. Nur vom Siedlungsplatz am Dümmer sind mehrere Haustiere belegt: Ziege, Schaf, Rind und Schwein. Diese Tiere sind aus anderen Verbreitungsbereichen der Trichterbecherkultur ebenfalls bekannt.

Siedlungsplätze der Trichterbecherkultur sind in Niedersachsen selten. Der bekannteste ist das Huntedorf in Lembruch am Dümmer, mit dem sich die Archäologen in den 30er Jahren intensiv beschäftigten. Über die Ausgrabungen liegen aber keine ausführlichen Unterlagen und Dokumentationsmaterialien vor. Der zweite Siedlungsplatz wurde ebenfalls am Dümmer, in den 60er Jahren, in dem Dorf Hüde I ausgegraben. Er brachte umfangreiche Informationen über die Übergangsphase von der Jagd- und Sammelwirtschaft zur Seßhaftigkeit in Nordwestdeutschland. Dort wurden allerdings keine Hausgrundrisse gefunden.

Zwei gut dokumentierte Siedlungsplätze mit Hausgrundrissen müssen hier erwähnt werden.

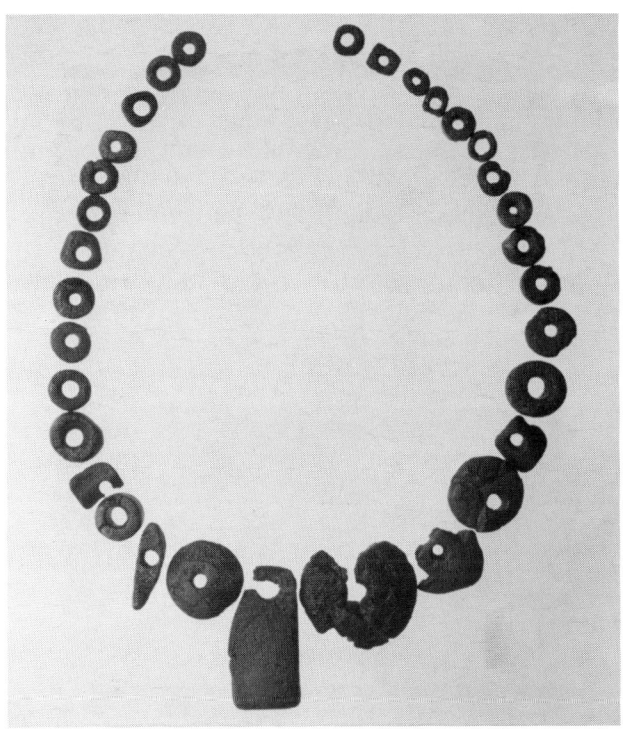

Abb. 11 Eine Bernsteinkette aus dem Grab von Dötlingen (Schießstand), Ldkr. Oldenburg

Abb. 12 Ein besonderes Gefäß mit mehreren Ausgußtüllen (Lampe)aus dem Megalithgrab Kleinenkneten I

19

Es handelt sich hierbei im Vergleich zu den bandkeramischen Häusern im südlichen Niedersachsen, die bis 60 m lang sein können, um kleinere Häuser. Das erste Haus in Wittenwater, Ldkr. Uelzen, hat eine Länge von 15,60 m und eine Breite von 6 m, Ost-West gerichtet. Die westliche Schmalseite ist bogenförmig gebaut. Eine eindeutige Eingangssituation konnte nicht nachgewiesen werden. Die Wände sind aus Flechtwerk erstellt, also aus Weidengeflecht und mit Lehm verputzt. Der Grundriß des zweiten Hauses von Flögeln, Ldkr. Cuxhaven, ist rechteckig und hat eine Länge von 12,75 m und eine Breite von 4,80 m. Das Haus war Nordwest/Südost orientiert (Abb. 13). 1986 wurde ein vergleichbarer Hausgrundriß in der Nähe von Osterholz-Scharmbeck entdeckt und untersucht (Abb. 14). Bei allen diesen Siedlungs-

Abb. 13 Bodenverfärbungen eines Hausgrundrisses aus der Trichterbecherkultur, gefunden in Flögeln, Ldkr. Cuxhaven, nach Zimmermann 1979

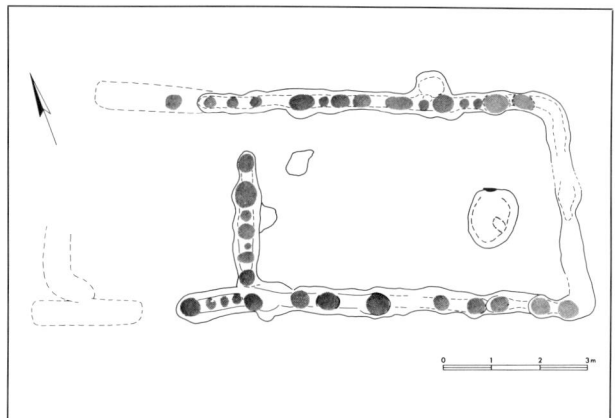

Abb. 14 Ein Hausgrundriß der Trichterbecherkultur aus Pennigbüttel, Ldkr. Osterholz, nach Assendorp 1987.

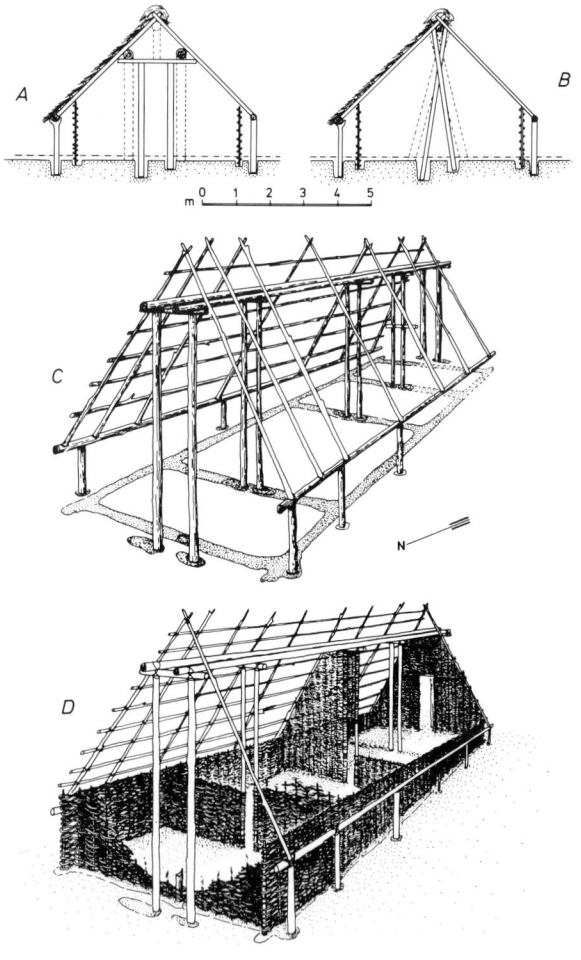

Abb. 15 Rekonstruktionszeichnung eines Hauses der Trichterbecherkultur aus Flögeln, Ldkr. Cuxhaven, nach Zimmermann 1979.

platzuntersuchungen handelt es sich aber nur um einen kleinen Ausschnitt aus einer Siedlungsfläche, so daß unsere Informationen über die siedlungsdynamischen Abläufe relativ gering sind und wir wenig über die Entwicklung der Siedlung wissen.

Ursprung und Datierung

Die meisten Großsteingräber kommen in der Küstenregion vor, bis etwa 350 km ins Binnenland hinein. Diese Tatsache läßt vermuten, daß die Megalithkultur über die Seefahrt hierher gekommen ist. Da sich in der Verbreitung der Megalithkultur keine einheitliche Kulturprägung erkennen läßt, sondern verschiedene regionale Eigenarten der Kulturgruppen in dem gesamten Verbreitungsgebiet der Megalithbauten zu finden sind, ist anzunehmen, daß es sich hier um die Verbreitung einer „Idee" handelt, also von religiösem Gedankengut, das von hier ansässigen Kulturen aufgegriffen wurde. Die norddeutsche Megalithgruppe gehört zur Trichterbecherkultur, d.h. die Träger der Trichterbecherkultur haben die Idee der Megalithik in ihre kulturellen Vorstellungen mit aufgenommen und umgesetzt. Woher die Menschen der Trichterbecherkultur gekommen sind, läßt sich nicht eindeutig belegen. Wir wissen, daß sie in der Zeit um 3500 v. Chr. in Dänemark, in Schleswig-Holstein und in Nordwestdeutschland gesiedelt haben. Der Siedlungsplatz am Dümmer ist der älteste Beleg der Trichterbecherkultur in unserem Raum. Alle Radiokarbondaten sowohl aus Dänemark als auch aus Untersuchungen vom Dümmer sprechen für den Beginn der Trichterbecherkultur um 3000 bis 2800 v. Chr. (bzw. nach der Kalibrierung der Daten „Eichung" 3600-3400 v. Chr.). Die ältesten Datierungen der Megalithgräber, ebenfalls nach der Radiokarbonuntersuchung und der Eichung, liegen bei ca. 3400-3200 v. Chr. Diese Datierungen geben uns einen Anhaltspunkt für den Beginn der Trichterbecherkultur und den Beginn der Erbauung der Großsteingräber. Die ältesten Datierungen der Gräber des nordöstlichen Niedersachsens stammen aus einem Urdolmen und liegen bei ca. 2800 bzw. 3400 v. Chr. Die Daten aus der Ganggräberzeit liegen bei etwa 2600 bzw. 3200 v. Chr., sowohl im nordöstlichen als auch im nordwestlichen Verbreitungsgebiet Niedersachsens. Die Radiokarbondaten aus dem Megalithgrab Dötlingen, Ldkr. Oldenburg (2595 ± 90 bzw. 3195), bestätigen die Annahme, daß die Gräber der Nordwestgruppe zwischen Weser und Ems um 3200 v. Chr. bis 3000 v. Chr. erbaut worden sind.

Die Forschungsgeschichte

Die Erfassung der Großsteingräber in Niedersachsen hat ihre Tradition. Schon 1841 legte der Forstrat J. K. WAECHTER eine Statistik der im Königreich Hannover vorhandenen heidnischen Denkmäler vor. Im Jahre 1893 veröffentlichte J. REIMERS die Arbeit von J. H. MÜLLER über die vor- und frühgeschichtlichen Altertümer der Provinz Hannover. Eine der in fachlicher und graphischer Hinsicht interessantesten Darstellungen der Großsteingräber in Ostniedersachsen ist die von G.O.C. von ESTORFF 1846 vorgelegte Arbeit, in der die Großsteingräber nicht nur beschrieben, sondern auch auf einer archäologischen Karte verzeichnet sind.

1914 versuchte zum ersten Male KARL HERMANN JAKOB-FRIESEN, die Großsteingräber wissenschaftlich zu dokumentieren und systematisch zu erfassen. Die Arbeit konnte wegen des 1. Weltkrieges nicht fortgesetzt werden. 1926 setzte Ernst Sprockhoff die Arbeit von Jakob-Friesen fort. Er gab drei Bände über die Großsteingräber in Schleswig-Holstein, Mecklenburg, Brandenburg, Pommern, Niedersachsen und Westfalen heraus.

*

Im 18. Jahrhundert wurde man im ehemaligen Herzogtum Oldenburg erstmals auf die Bodendenkmäler, insbesondere die Großsteingräber, aufmerksam. Damals wurden hauptsächlich Erfassungs- und Schutzmaßnahmen veranlaßt und durchgeführt. Um die Kulturgüter ihrer Heimat haben sich J. H. HINÜBER, G. SELLO, C. H. NIEBERDING aus Lohne, Pastor G. W. A. OLDENBURG aus Wildeshausen und Generalmajor W. G. F. WARDENBURG aus Oldenburg besonders verdient gemacht.

Im Jahre 1740 schreibt der Oberamtmann J.H. HINÜBER in „Einige Nachrichten von der Collegiat-Kirche, Stadt und Amt Wildeshausen", daß in dem Amte und nahe bei der Stadt Wildeshausen noch verschiedene Spuren und Denkmäler des alten Heidentums übriggeblieben seien. Die Bezeichnung „Denkmäler des Heidentums" ist im 18. Jahrhundert fast ausschließlich für die Großsteingräber und Hügelgräber verwendet worden.

Das Oldenburger Denkmalschutzgesetz zählt zu den ältesten dieser Art in Deutschland. Die ersten Verordnungen stammen aus dem Jahre 1819. Die Herzogliche Kammer machte folgendes bekannt: „Da die in einigen Gemeinheiten auf der hiesigen Geest befindlichen, aus mehreren in der Vorzeit zusammengebrachten großen Steinen und aufgeworfenen Grabhügeln bestehenden Denkmäler des Alterthums möglichst erhalten werden sollen, so wird es hiermittels einem jeden untersagt, solche zu zerstören oder auf irgendeine Weise zu beschädigen. Den Ämtern wird es zur Pflicht gemacht, auf die Befolgung dieser Vorschrift selbst zu achten und auch durch die Amtsoffizialen darauf achten zu lassen" (STEFFENS 1980,5).

Die Ämter Oldenburg, Zwischenahn, Rastede, Westerstede, Bockhorn, Delmenhorst, Ganderkesee, Wildeshausen, Vechta, Steinfeld, Damme, Cloppenburg, Löningen, Friesoythe und Dinklage wurden verpflichtet, „eine kurze Beschreibung der in ihren Distrikten sich befindenden Denkmäler des Alterthums einzusenden und dabei zugleich über die Art und Weise, wie selbige am zweckmäßigsten zu befriedigen und in ihrer nächsten Umgebung zu bepflanzen, gutachtend zu berichten."

In den Jahren 1819 und 1820 trafen die Berichte der Ämter ein, daraufhin wurden schon erste Richtlinien für denkmalpflegerisches Arbeiten erlassen. Die Forstbehörden wurden mit Schutzmaßnahmen beauftragt und die geplante Bepflanzung ausgeführt. Am 16. Oktober 1819 erhält die Forstbehörde mit Bezug auf Ganderkesee folgende Weisung: „1. Sollte der Grund und Boden, worauf einige Denkmäler liegen, Privateigentum sein, so ist unter Mitwirkung des Amtes zu versuchen, ob es nicht gegen eine angemessene Naturalentschädigung für die gnädigste Landsherrschaft acquiriert werden könne" (STEFFENS 1976,2).

1820 wurde eine Liste der zu schützenden Denkmäler erstellt und dem Herzog Peter Friedrich Ludwig mit den entsprechenden Begründungen vorgestellt. Danach wurde folgende Richtlinie vorgesehen: „... die vorzüglichsten steinernen Monumente in ihrer nächsten Umgebung zu bepflanzen und mit einem Erdwall einzufrieden sein möchten. Es liegen zwar ein paar derselben auf Privateigentum; das wird aber keine Schwierigkeiten machen, da Gemeinheitsgründe zur Entschädigung gegeben werden können. Und wenn etwa der eine oder andere Eigentümer lieber eine bare Vergütung haben wollen sollte, so wird der sterile Grund und Boden, auf dem das Monument liegt, doch nur wenig kosten" (STEFFENS 1976,2).

Im Jahre 1837 erschien das Büchlein „Wildeshausen in altertümlicher Hinsicht" von G. W. A. OLDENBURG und J. P. E. GREWERUS, in dem die Stein- und Hügelgräber von Kleinenkneten, Großenkneten und das Pestruper Grä-

22

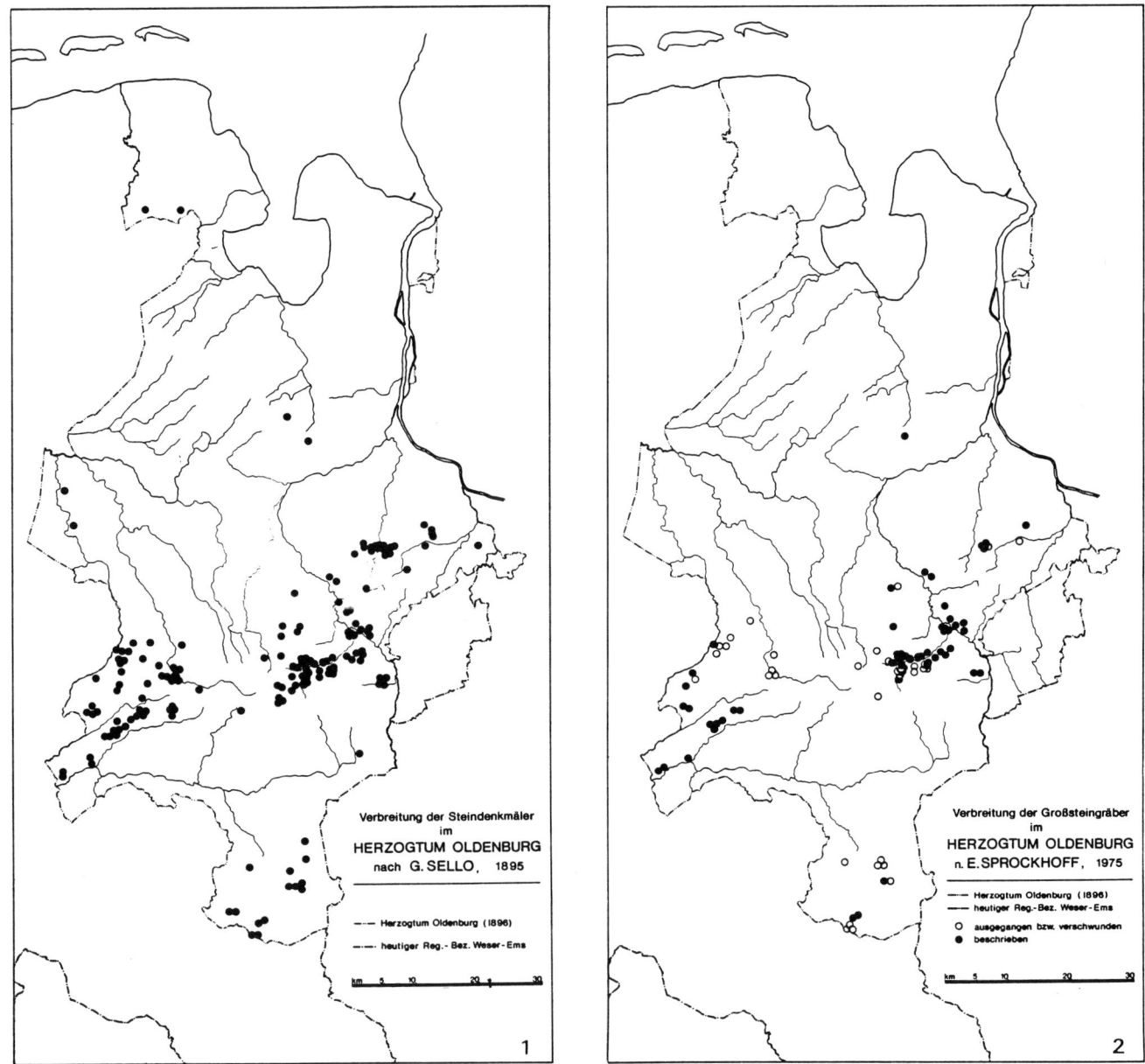

Abb. 16 Verbreitung der Steindenkmäler im ehemaligen Herzogtum Oldenburg nach Sello 1895. (1)
Verbreitung der Großsteingräber im Herzogtum Oldenburg nach E. Sprockhoff 1975. (2)

berfeld erwähnt sind. Am 24. September 1874 wurde für 200 Goldtaler das berühmte Steingrab Visbeker Bräutigam vom Staat angekauft.

Im Jahre 1845 berichtete Forstmeister von Nägelein, daß „nicht alle der erhaltungswürdigen Monumente erfaßt seien, und leider seien manche derselben im letzten Dezennium bei Anlegung der Chausseen sehr beschädigt worden und haben ganz ihren klassischen Wert verloren" (STEFFENS 1976,3). Am 14. März 1881 erfolgte eine Bekanntmachung des Staatsmini-

23

steriums des Herzogtums Oldenburg: 1. An den den Städten gehörigen Steindenkmälern und deren Umgebung dürfen, soweit dieselben der Aufsicht der Forstverwaltung unterstellt sind, Ausgrabungen und sonstige Veränderungen des Bodens zum Zwecke örtlicher Untersuchung nicht anders als mit vorheriger Genehmigung des zuständigen Oberförsters vorgenommen werden". - „ 2. Zuwiderhandlungen werden mit einer Geldstrafe bis zu 150,- M bestraft" (STEFFENS 1976,3).

In den Jahren 1850 und 1852 waren aus dem Staatshaushalt 651,- M für die Erhaltung der Denkmäler der Vorzeit vorgesehen. In den Jahren 1891 bis 1893 wurden 2170,- M für gleiche Zwecke geplant.

In der Ausstellung der anthropologischen und vorgeschichtlichen Funde Deutschlands im Jahre 1880 in Berlin wurden u.a. Geräte sämtlicher Epochen, Grundrisse der wichtigsten Großsteingräber und eine Fülle von Musterscherben aus dem oldenburgischen Raum gezeigt, darunter jungsteinzeitliche Tiefstichkeramik mit den verschiedensten Verzierungsmustern.

Trotz dieser intensiven, traditionell guten denkmalpflegerischen Arbeit im oldenburgischen Raum sind viele Großsteingräber teilweise zerstört worden. Im letzten Jahrhundert wurden die Findlinge zu Bauten (Kirchen, Befestigungsanlagen, Straßenbau) verwendet. Das Ausmaß der Zerstörung zeigt sich im nordöstlichen Bereich Oldenburgs deutlich; dort sind keinerlei Spuren von Großsteingräbern erhalten. Doch man darf davon ausgehen, daß dieses Gebiet nicht unbesiedelt war. Wie drastisch der Verlust an Megalithgräbern war, läßt sich aus dem Vergleich von zwei Kartierungen ablesen. Im Jahre 1895 wurde von G. SELLO eine Übersicht über die bisher beschriebenen und aufgenommenen Steindenkmäler im Herzogtum publiziert. Die Eintragung der erfaßten Steindenkmäler aus den Unterlagen von SELLO beschränken sich naturgemäß auf das Gebiet des Herzogtums Oldenburg. Es sind zu dieser Zeit noch 150 Denkmäler vorhanden ge-

wesen (Abb. 16). Aus den Unterlagen von SELLO läßt sich keine Denkmalbeschreibung entnehmen. Er verwendet allerdings die Bezeichnung „Steindenkmäler", wobei offenbleibt, ob es sich hier um Großsteingräber handelt. Aus der Kartierung lassen sich drei Gruppen herausstellen: eine Oldenburger, eine Emsländer und ein Teil einer Osnabrücker Gruppe.

1975 registrierte E. SPROCKHOFF in demselben Gebiet (ehemaliges Herzogtum Oldenburg) nur noch 56 Großsteingräber (Abb. 16). Daraus ist zu ersehen, daß zwischen 1895 und 1975 in diesem Gebiet 105 Großsteingräber verlorengegangen sind. Zusätzlich zu den 56 eigenen Großsteingräbern erfaßte SPROCKHOFF weitere 34 nicht mehr vorhandene Gräber (Abb. 16).

Nachdem die Arbeit der Erfassung der Großsteingräber beendet war, widmeten sich die Wissenschaftler in den letzten 30 Jahren der Untersuchung der bedrohten Gräber und beschäftigten sich mit der Wiederentdeckung und der Dokumentation einiger verschwundener Gräber.

In den 60er Jahren untersuchte Frau E. SCHLICHT im Emsland zwei Großsteingräber auf dem Hümmling: Das Großsteingrab Emmeln 2 und das Großsteingrab 7 Großbersten. Das letzte wurde wiederhergestellt.

Anfang der 70er Jahre wurde das Großsteingrab von Ostenwalde, Ldkr. Emsland, von der Straßenkreuzung zum naheliegenden Wald verlegt. WOLF-DIETER TEMPEL nutzte die Gelegenheit und führte eine systematische Untersuchung an diesem Großsteingrab durch.

Eine intensive archäologische Erforschung der Megalithgräber im Land Oldenburg begann erst in den 30er Jahren durch die Untersuchung der beiden Megalithgräber von Kleinenkneten und die Ausgrabung der zerstörten Gräber in Großenkneten, Sandhatten und Dötlingen Wellohsberg. Zusätzlicher Anlaß für die Untersuchung der beiden Megalithgräber von Kleinenkneten war die 1933 von H. WILLE vorgetragene Spekulation, daß bestimmte Megalithgräber nicht als Grabmale, sondern als Fundamente für germanische Gotteshäuser anzusehen seien. Karl MICHAELSEN, der damalige Leiter des Staatlichen Museums für Naturkunde und Vorgeschichte, Oldenburg, untersuchte zwischen 1934 und 1939 die beiden Gräber von Kleinenkneten. Es konnte festgestellt werden, daß es sich hier ausschließlich um eine Grabanlage handelt, die aus der Steinzeit stammt und nichts mit den germanischen Altertümern zu tun hat (Grab Nr. 48, S. 128 und Nr. 49, S. 130).

1956-1958 erfolgte die Untersuchung des Megalithgrabes am Schießstand in Dötlingen durch J. PÄTZOLD.

Großsteingräber und Volksglaube

Die Beschäftigung mit den Großsteingräbern blieb nicht auf der Ebene der historischen und heimatkundlichen Darstellungen und Untersuchungen (Abb. 17-22) stehen, sondern ist auch Bestandteil volkstümlicher Sagen, die seit dem 18. Jahrhundert bekannt sind wie z.B. die Sage von Braut und Bräutigam. Sie wurde im Jahre 1801 erstmalig in der Literatur erwähnt:

„Inmitten der Ahlhorner Heide lag in alter Zeit ein großer Bauernhof. Der Besitzer war stolz und habgierig und hätte seine einzige Tochter gern mit einem reichen Bauernsohn aus der Umgebung verheiratet. Aber das Mädchen liebte einen armen Schäfer, der ihr Jugendgespiele gewesen war. Der hartherzige Vater kümmerte sich nicht um die Bitten seines Kindes, sondern setzte gegen den Willen des Mädchens den Hochzeitstag fest.

Am Hochzeitsmorgen bewegte sich ein Zug festlich gekleideter Menschen über die Heide auf Visbek zu. Voran schritt die geschmückte Braut mit ihren Eltern, dahinter das Gefolge der Verwandten und Nachbarn. Die Braut war totenblaß, in ihren Augen standen Tränen. Immer näher kamen sie dem Kirchdorf; schon hörte man die Glocken von Visbek läuten. - Da richtete das Mädchen in seiner Verzweiflung die Blicke gen Himmel und rief flehend: ,Hilf, o Gott! Lieber will ich auf der Stelle zu Stein werden, als einem Manne gehören, den ich nicht lieben kann!'

Kaum hatte sie diese Worte ausgesprochen, da erstarrte der Brautzug. Wo eben noch Menschen von Fleisch und Blut ihres Weges gezogen waren, erhoben sich mächtige Steine in zwei Reihen nebeneinander. Der Myrtenkranz, die Blumen und Bänder verwandelten sich in graue Flechten und Moose. - Auch der Zug des Bräutigams erlitt das gleiche Schicksal und erstarrte zu Stein. Die mächtigen Findlinge dort geben davon Kunde."

Die erste Fassung dieser Sage wurde im Jahr 1811 von Pastor Lamprecht in Form eines Gedichtes veröffentlicht. Sie ist in der niedersächsischen Quartalsschrift „Der Philosoph in der Lüneburger Heide" publiziert worden. Die Sage wird in verkürzter Form in Heimatblättern und auf Postkarten und Broschüren für den Fremdenverkehr abgedruckt. Das Originalgedicht aus dem Jahr 1801 von J.G.T. LAMPRECHT soll komplett wiedergegeben werden.

Abb. 17 „Der Visbeker Bräutigam", Lithographie von Ludwig Philipp Strack, 1827

Die steinerne Braut von Wildeshausen

Nach einer schauerlichen Nacht,
Die Gretchen voller Kummer
Mit Angst und Seufzen zugebracht,
Entfernt vom sanften Schlummer,
Fiel sie am Morgen kraftlos hin
Auf ihre Knie, des Vaters Sinn
Und Felsenherz durch Flehen
Für sich gerührt zu sehen.

Den reichen Jürgen soll sie freyn,
Nach ihres Vaters Willen.
Die Hochzeit soll schon heute seyn.
Sie seufzt zu Gott im Stillen;
Denn ach! wie groß war ihre Noth!
Viel leichter dünkt ihr selbst der Tod;
Wie konnt ihr Herz ihn lieben, -
Es war nicht f r e i geblieben . . .

Wie groß, wie groß war Gretchens Schmerz!
Sie sollte nun vergessen
Den C o n r a d , der ihr ganzes Herz
So lange schon besessen.
Sie liebten sich als Kinder schon,
Und hofften treuer Liebe Lohn
Und ihrer Eltern Segen
Und Glück auf allen Wegen.

Und ach! er war so fromm und gut,
Er war ihr so ergeben;
Ihr schlug sein Herz, ihr wallt' sein Blut,
Ihr hört' sein ganzes Leben.
Sein Wuchs war schlank, blond war sein Haar;
Das ganze Dorf nannt' ihn sogar
Den schönen Conrad Betchen,
Und neidete sein Mädchen.

Abb. 18 „Der Heidenopfertisch", Lithographie von Ludwig Philipp Strack, 1827

Hört, was für ihn das Schlimmste war;
Sein Vater machte Schulden,
Nach seinem Tode hatt' er baar
Noch circa vierzig Gulden;
Das Haus war alt, der Hof war klein;
Er meinte: wirst du Gretchen freyn,
Fromm, fleißig mit ihr leben,
So wird Gott Segen geben.

Doch, der Geliebten Vater war
Dem Wucher ganz ergeben,
War wüst und wild, und konnte gar
In Frieden niemals leben.
Sein ganzes Streben ging dahin,
Daß alles stets nach seinem Sinn,
Nach seinem Kopfe ginge,
Und alles ihm gelinge.

Als nun der reiche Jürgen kam,
Um Gretchens Hand zu werben,
Da nahm er gleich den Vorschlag an,
Und nannt' ihn seinen Erben.
Nicht fragt' er erst das gute Kind:
Wie bist du gegen ihn gesinnt?
Kannst du dein Herz ihm geben,
Und mit ihm glücklich leben?

Du s o l l s t mir, sprach er, Jürgen freyn!
Das ist mein ernster Wille;
Mit ihm nur kannst du glücklich seyn,
Denn er hat Geld in Fülle;
Er hat an hundert Scheffel Land,
Und Haus und Hof in gutem Stand;
Auch hat er schöne Weide
Und Schafe auf der Heide.

Der Freier war aus Münsterland,
Nicht fern von Wildeshausen;
Als reicher Schlemmer wohlbekannt,
Pflegt er umher zu sausen;
Einst kam er auch nach Knethen hin,
Da sah er Gretchen, und sein Sinn
War gleich auf sie gefallen;
Denn sie war schön vor Allen.

Bei seinem Reichtum stolz und dumm,
Verstand er nicht zu lieben;
Er sah nach Gretchen sich nicht um,
Fragt' nicht nach ihren Trieben;
Die, dacht' er, wird sich herzlich freun!
Was will sie mehr, um froh zu seyn?
Wie wird sie sich ergötzen
Ob allen meinen Schätzen!

Das gute Mädchen dachte nur
An C o n r a d, nicht an Schätze;
Sie folgte traulich der Natur;
Was ihr das Herz ergötze,
Das, meinte sie, sey mehr werth,
Als was der Reichthum je bescheert;
Es könnten seine Gaben
Ja doch das Herz nicht laben.

Zum Vater ging sie weinend hin:
„Laßt mich doch glücklich leben!"
Sprach sie, „und ändert Euren Sinn,
An Jürgen mich zu geben.
Ich will auch gern bei Pflicht und Fleiß,
Bei saurer Arbeit und im Schweiß
Euch kindlich gut begegnen,
Und Gott wird Euch drob segnen!"

Unbiegsam war des Vaters Herz:
Er hatte kein Erbarmen;
Er sah nicht auf des Kindes Schmerz,
Und warf aus seinen Armen
Sie wütend oft zur Erde hin,
Wenn sie so seinen harten Sinn
Durch Thränen und durch Zittern
Wol suchte zu erschüttern.

Vier Monden waren nun entflohn
Für sie in bittern Schmerzen;
Der Tod, der Tod, der nagte schon
Am Körper wie am Herzen;

Sie schleppte abgehärmt sich hin,
Und sah mit hoffnungsvollem Sinn
Von ihren Erdenleiden
Auf zu des Himmels Freuden.

Der Tag der Hochzeit nah'te sich
Mit allen seinen Schrecken:
O möchte doch die Sonne mich
Zur neuen Qual nicht wecken!
So flehte sie die letzte Nacht,
Verzweifelnd ward sie hingebracht;
Gebet und Klag und Jammer
Ertönt' in ihrer Kammer.

Früh wagte sie den letzten Sturm
Auf ihres Vaters Herzen.
Ach! sprach sie, Gott gönnt ja dem Wurm
Im Staube keine Schmerzen;
Drum seyd doch väterlich gesinnt
Und tödtet nicht Eu'r eigen Kind!
Habt ihr denn kein Erbarmen,
Mein Vater, mit mir Armen?

Seht nur mein blasses Angesicht
Und meiner Glieder Beben;
Verstoßet eure Tochter nicht!
Für euch nur will sie leben.
Conrad ist ja, - hier faßt er sie
Und flucht, und schwor, sie solle nie
Des Buben Namen sprechen;
Er werd' es furchtbar rächen.

Da bebt sie von dem Vater fort,
Und wankt mit nassen Blicken
Zu ihrem stillen Thränenort,
Zum Fest sich anzuschicken.
Wie klagt sie bei dem Myrthenkranz
Und bei des Knistergoldes Glanz:
Ach, hätt ich nur im Grabe
Den Schmuck zur letzten Gabe!

Die bunten Bänder flattern schon,
Es jubeln froh die Gäste;
Der schmetternde Trompetenton
Ruft überall zum Feste.
Die Stunde kam; der Zug begann;
Im schnellen Laufe ging es dann,
Fort ging es über Heide,
Durch Feld und Wald und Weide.

Abb.19 Großsteingrab „Grunes Mühle", Stadt Osnabrück (Sprockhoff 920),
Blick von Südosten, Zeichnung vermutlich aus dem letzten Jahrhundert
(NLVwA Institut für Denkmalpflege Hannover, Planarchiv der Archäologischen Denkmalpflege)

Abb. 20 Großsteingrab Kleinenkneten I (Sprockhoff 957) (Grab Nr. 48, S. 128)
Zeichnung vor der Untersuchung 1936, Blick von Süden
(NLVwA Institut für Denkmalpflege Hannover, Planarchiv der Archäologischen Denkmalpflege)

Abb. 21 Das Großsteingrab bei Wapeloh, Emsland
(NLVwA Institut für Denkmalpflege Hannover, Planarchiv der Archäologischen Denkmalpflege)

Bald mußte Jürgen's Wohnort sich
In dunkler Ferne zeigen;
Da seufzte Gretchen: „säh' ich dich
Doch nie! nie deine Reigen!
Ich werde wie des Altars Stein
So kalt und so gefühllos seyn.
O, würd' ich hier zum Steine,
Wo ich so kraftlos weine!"

Der Zug ging einen Berg hinan;
Schon war der Thurm zu sehen,
Und alles schrie: juchhe, juchhan!
- Doch, Gott! was wird geschehen?
Aus einer dunklen Wolkenhüll
Hört man entsetzliches Gebrüll;
Der Berg ging an zu beben,
Der Erde sich zu heben.

Es saust' und braus'te fürchterlich
In Lüften und in Schlünden;
Es hob und rollt' und wälzte sich
Auf Bergen und auf Gründen.
Es blitzt' und tobte überall;
Man hört Geheul und dumpfen Schall,
Und alles sah man beben,
Und rang mit Tod und Leben.

Schwarz, düster war es rings umher,
Und Wolkenbruch und Schlossen,
Die wälzten sich in Lüften schwer
Und wurden ausgegossen;
Gesichter sah man hier und da;
Gestalten huschten fern und nah;
Sie tobten in den Lüften,
Und heulten aus den Grüften.

Doch plötzlich ward es totenstill;
Kalt fährt's durch Aller Glieder;
Man hörte ferner kein Gebrüll,
Kein dumpfes Toben wieder.
O Wunder, Wunder! was geschah?
Was ist's, was sieht man staunend da?
Wie? Gretchen gar verwandelt,
Die man so mißgehandelt?

Vom Nacken war sie bis zum Bein
Wie um und um begossen,
Starr und gefühllos kalt zu Stein,
Den Kopf nur ausgeschlossen;
Und Alle stunden rings herum,
Als wär'n auch sie versteinert, stumm.
Dumpf sprach sie dann die Worte,
Wie her von fernem Orte:

Ich ward zu Stein; einst war ich's nicht,
Drum konnt ich Lieb empfinden.
Gott führet mich nicht ins Gericht;
Ich soll ihn gnädig finden!

Ihr Eltern, hört, befolgt den Rath,
Ihr seyd gewarnt durch diese That.
Laßt euch nicht so bethören,
Der Kinder Glück zu stören!

Darauf verschloß sich auch der Mund,
Was weiter noch geschehen. -
Kurz! Gretchen ist bis diese Stund
Als Braut von Stein zu sehen.
Der Bauer, der vorübergeht,
Ist durch die That gewarnt, und steht
Erstaunt und gläubig stille,
Seufzt aus des Herzens Fülle.

So wie die Sagen im oldenburgischen Raum haben auch andere Regionen im Verbreitungsbereich der nordwestdeutschen Megalithgräber Sagen im Zusammenhang mit den Großsteingräbern entwickelt. Aus dem emsländischen Kulturkreis kennen wir die Sage über den König Surbold, der auf dem Hümmling unter einem Großsteingrab ruht. Das Grab ist nicht

Abb. 22 Das Großsteingrab bei Werlte, Emsland (Sprockhoff 830). Zeichnung aus dem Jahre 1846
(NLVwA Institut für Denkmalpflege Hannover, Planarchiv der Archäologischen Denkmalpflege)

mehr vorhanden. E. Sprockhoff vermutet nach historischen Quellen, daß es 5 km nördlich der Dorfmitte des Ortes Börger gelegen haben muß. Eine Beschreibung der Anlage von Forstmeister Ostmann besagt, daß das Grab aus einem großen flachen Stein, der auf mehreren Steinen ruht, besteht; es wurde angeblich durch Feuer zerstört. Die Überlieferung liegt uns in mehreren Versionen vor.

„Der Hünnenkönig (Surbold)
liegt begraben in Burgerwuld,
in goldenen Hushold".

Eine andere Version besagt:
„Hier lig begrawen Künnink Suurboldt
in eenen goldnen Huusholdt."

Der Name Suurboldt ist unterschiedlich überliefert.

„O wunner aower Wunner,
well ligg daor wall begraowen unner?
Datt is der Könik Surewold
In een vergülden Hushold"

Im Volksglauben gelten die Hünen oder die Riesen als verantwortlich für die Erbauung der Großsteingräber.

Aus dem Osnabrücker Raum sind ebenfalls Sagen bekannt, wie z.B. die Volkssage über den Sachsenherzog Widukind. Diese Sage knüpft an die vorherige Sage aus dem Emsland an und hat folgenden Inhalt:

Der König der Riesen, Surbold, verbündete sich mit dem Sachsenherzog Widukind gegen den Frankenkönig Karl den Großen. Widukind wurde zweimal von den Franken geschlagen, einmal bei Detmold und einmal an der Hase. Widukind wurde 783 in einem Großsteingrab begraben. Hier sind die Slaopsteenen oder Slapsteinen gemeint. Einige Fassungen dieser Sage sprechen von einem Heidenkönig in einem goldenen Sarg, der in Versen am roten Berge unter einem Hünenbett vermutet wird. Weiterhin wird erwähnt, daß die Gemahlin Wi-

dukinds unter einem großen Steingrab, das 1886 stark zerstört wurde, bestattet sei. In der Braunschweiger Reimchronik sind dazu folgende Verse veröffentlicht:

Gheva sin werdher vrowe
wart zo Beleheym zo rowe
gegraben bey Osenbrucke.
irer sele got geve gelucke

Eine andere Überlieferung lautet:

Cheva sin werde Frowe
wart to Bettelaheim to rowe
Begrawen bi Osenbrüke
Orer sele God gheve glüke.

Eine andere Sage aus dem Osnabrücker Land erzählt von Karl dem Großen und Sachsen-König Widukind. Die frühmittelalterliche Geschichte in den Gebieten Sachsens kennt verschiedene Sagen über die beiden rivalisierenden Könige. Eine der Sagen wird im Zusammenhang mit den sogenannten Karlsteinen bei Osnabrück erwähnt. Die Sage demonstriert die Stärke Karls des Großen. Widukind verlangte von Karl ein Zeichen der Macht des christlichen Glaubens. Karl hat bei einem Kampf mit Widukind vor dem Megalithgrab von Haste den Deckstein des Grabes als Zeichen der Macht zerschlagen.
Auch aus anderen Verbreitungsgebieten der Großsteingräber in Niedersachsen sind Sagen und Geschichten bekannt, die mit Karl dem Großen in Verbindung stehen.

Die Entwicklung der volkstümlichen Sagen über die Großsteingräber in den letzten 200 Jahren hat gezeigt, daß diese Kulturmonumente auch den einfachen Menschen angeregt haben, sich über die Frage der Herkunft und der Stellung dieser Gräber in der Kulturgeschichte der Region Gedanken zu machen. Immer wieder werden historische Ereignisse im Zusammenhang mit der Deutung der Großsteingräber gebracht. Es wäre wünschenswert, die Herkunft, Entstehung und Deutung dieser Sagen näher zu untersuchen, um diesem Teil der Forschung gerecht zu werden.

Literaturliste

Aner, E. (1968): Die Groß-Steingräber Schleswig-Holsteins. - In: Führer zu vor- und frühgeschichtlichen Denkmälern 9, S. 46-69, Mainz.

Assendorp, J.J. (1987): Eine Siedlung der Trichterbecherkultur bei Pennigbüttel. - Berichte zur Denkmalpflege in Niedersachsen, 7.Jg., H.4, S. 139. - Hameln.

Bakker, J.A. (1973): De Westgroep van de Trechterbekercultuur. Studies over chronologie en geografie van de makers van hunebedden en diepsteekceramiek, ten westen van de Elbe. - Amsterdam.

Bakker, J. A. (1979): The TRB West Gr studies in the chronology and geography of the makers of hunebeds and Tiefstich pottery.

Bau- und Kunstdenkmäler (1896): Die Bau- und Kunstdenkmäler des Herzogtums Oldenburg, bearbeitet im Auftrag des Großherzoglichen Staatsministeriums. 1. Heft: Amt Wildeshausen. - Osnabrück (Neudruck 1976).

Behre, K.-E. (1970): Wirkungen vorgeschichtlicher Kulturen auf die Vegetation Mitteleuropas. - n + m "Naturwissenschaft und Medizin", 7. Jg., Nr. 34, S. 15-30.

Behrens, H. (1973): Die Jungsteinzeit im Mittelelbe-Saale-Gebiet. - Veröffentl. des Landesmus. f.Vorg. Halle, Bd. 27. - Berlin.

Bloemers, J.H.F., Louwe Kooijmans, L.P. und Sarfatij, H. (1981): Verleden Land. - Amsterdam.

Brandt, K.H. (1967): Studien über steinerne Äxte und Beile der jüngeren Steinzeit und der Steinkupferzeit Nordwestdeutschlands. - Hildesheim.

Deichmüller, J. (1965): Die neolithische Moorsiedlung Hüde I am Dümmer, Kreis Grafschaft Diepholz. - Neue Ausgrabungen und Forschungen in Niedersachsen 2, S. 1-18.

Deichmüller, J. (1969): Die neolithische Moorsiedlung Hüde I, Kreis Grafschaft Diepholz. Vorläufiger Abschlußbericht. - Neue Ausgrabungen und Forschungen in Niedersachsen 4, S. 28-36.

Fansa, M. (1982): Die Keramik der Trichterbecherkultur aus den Megalith- und Flachgräbern des oldenburgischen Raumes. - Göttingen.

Firbas, F. (1949): Spät- und nacheiszeitliche Waldgeschichte Mitteleuropas nördlich der Alpen. Bd I, Allgemeine Waldgeschichte. - Jena.

Frederik VII zu Dänemark (1863): Über den Bau der Riesenbetten der Vorzeit. - Kopenhagen.

Gerdsen, H. (1987): Die "Großen Steine" von Kleinenkneten. -Wildeshausen.

van Giffen, A. E. (1925-1928): De hunebedden in Nederland. - Utrecht.

Häßler, H.-H. (Hrsg.) (1991): Ur- und Frühgeschichte in Niedersachsen. - Stuttgart.

Jacob-Friesen, K. H. (1954): Johan Picardt, der erste Urgeschichtsforscher Niedersachsens. - Nachrichten aus Niedersachsens Urgeschichte 23, S. 3-19.

Jacob-Friesen, K.H. (1959): Einführung in Niedersachsens Urgeschichte I (Steinzeit), 4. Aufl. - Hildesheim.

Knöll, H. (1959): Die nordwestdeutsche Tiefstichkeramik und ihre Stellung im nord- und mitteleuropäischen Neolithikum. - Münster.

Liebers, C. (1986): Neolithische Megalithgräber in Volksglauben und Volksleben. - Artes populares. Bd. 9. - Frankfurt/M. u.a.

Michaelsen, K. (1954): Oldenburgs berühmteste urgeschichtliche Gegend. - In: Die Kunde N. F. 5, S. 12-16.

Michaelsen, K. (1978): Die Ausgrabung der beiden Hünenbetten von Kleinenkneten in Oldenburg 1934-39, in: Oldenburger Jahrbuch 75/76, S. 215-249.

Müller, J. (1990): Die Arbeitsleistung für das Großsteingrab Kleinenkneten 1. Experimentelle Archäologie in Deutschland, S. 210-219. Beih.4. - Archäologische Mitteilungen aus Nordwestdeutschland. Oldenburg.

Mushard, M. (1928): Palaeogentilismus bremensis, d.i. Ehemaliges Bremisches Heidentum. Manuskript 1755, veröffentlicht von E. Sprockhoff. - Jahrbuch des Provinzialmuseums zu Hannover N.F. 3, S. 39-172.

Picardt, J. (1660): Korte Beschryvinge van eenige vergetene enverborgene Antiquiteten de Provintien en Landen gelegen tuschen de Nord-Zee, de Yssel, Emse en Lippe. - Amsterdam.

Preuß, J. (1978): Die Alttiefstichkeramik. Ein Schlüssel zum Verständnis der mittelneolithischen Kulturbeziehungen. - In: Ethnogr..-Archäol. Z. 19, S. 69-76.

Reinerth, H. (1939): Ein Dorf der Großsteingräberleute. Die Ausgrabungen des Reichsamtes für Vorgeschichte am Dümmer. - Germanenerbe 4, S. 226-242.

Schirnig, H. (Hrsg.) (1979): Großsteingräber in Niedersachsen. -Hildesheim.

Schlicht, E. (1968): Die Funde aus dem Megalithgrab 2 von Emmeln, Kr. Meppen. - Neumünster.

Schlicht, E. (1972): Das Megalithgrab 7 von Groß Berßen, Kr. Meppen. - Neumünster.

Schlicht, E. (1979): Die Großsteingräber im nordwestlichen Niedersachsen. - In: Schirnig, H. (Hg.): Großsteingräber in Niedersachsen (Veröffentlichung der urgeschichtlichen Sammlungen des Landesmuseums Hannover 24), S. 43-58. - Hildesheim.

Schlüter, W. (1985): Das Großsteingrab von Hilter T. W. Ldkr. Osnabrück. In: Wilhelmi (Hg.): Ausgrabungen in Niedersachsen. Archäologische Denkmalpflege 1979-1984.

Schuldt, E. (1972): Die mecklenburgischen Megalithgräber. - Berlin.

Sello, G. (1893): Der Denkmalschutz im Herzogtum Oldenburg (Bericht über die Tätigkeit des Oldenburger Landesvereins für Altertumskunde und Landesgeschichte 7).

Sello, G. (1895): Übersicht über die bisher beschriebenen und aufgenommenen Steindenkmäler im Herzogtum Oldenburg.

Sprockhoff, E. (1938): Die nordische Megalithkultur. - Berlin und Leipzig.

Sprockhoff, E. (1975): Atlas der Megalithgräber Deutschlands.Teil 3: Niedersachsen-Westfalen, aus dem Nachlaß herausgegeben von G. Körner. - Bonn.

Steffens, H.-G. (1975): Großsteingräber bei Kleinenkneten, Stadt Wildeshausen, Kr. Oldenburg. - In: Peters, H.-G. (Hg.): Dokumentation zur Archäologie Niedersachsens in Denkmalpflege und Forschung, S. 102. - Hannover.

Steffens, H.-G. (1976): Bodendenkmalpflege im oldenburgischen Bereich von den Anfängen bis zur Gebietsreform. - In: Mitteilungsblatt der Oldenburgischen Landschaft Nr. 9.

Steffens, H.-G. (1980): Archäologische Denkmale und Funde im Landkreis Oldenburg. - Hildesheim.

Tempel, W. D. (1978): Bericht über die Ausgrabung des Megalithgrabes I in Ostenwalde, Gemeinde Werlte, Kreis Aschendorf-Hümmling. - Neue Ausgrabungen und Forschungen in Niedersachsen 12, S. 1-31.

Tewes, F. (1898): Die Steingräber der Provinz Hannover. - Hannover.

Wächter, J. K. (1841): Statistik der im Königreiche Hannover vorhandenen heidnischen Denkmäler. - Hannover.

Wilhelmi, K. (1985): Ausgrabungen in Niedersachsen. Archäologische Denkmalpflege 1979-1984.

Wille, H. (1933): Germanische Gotteshäuser. - Berlin.

Zimmermann, W. H. (1980): Ein trichterbecherzeitlicher Hausgrundriß von Flögeln - Im Örtjen, Kr. Cuxhaven.- Materialhefte zur Ur- und Frühgeschichte Niedersachsens 16. Hildesheim.

DIE GRÄBER

Die hier abgebildeten Grabgrundrisse sind aus dem Atlas der Megalithkultur in Deutschland (Niedersachsen - Westfalen) entnommen worden. Die unteren Zeichnungen zeigen die Originallage der Steine, die darüber abgebildeten Darstellungen geben eine mögliche Rekonstruktion der Anlage wieder. Steine, die mit unterbrochenen Linien gezeichnet sind, sind nicht mehr vorhanden.

Die Karte im hinteren Buchdeckel zeigt die Lage der Gräber und erleichtert das Auffinden der manchmal sehr versteckt liegenden Steindenkmäler.

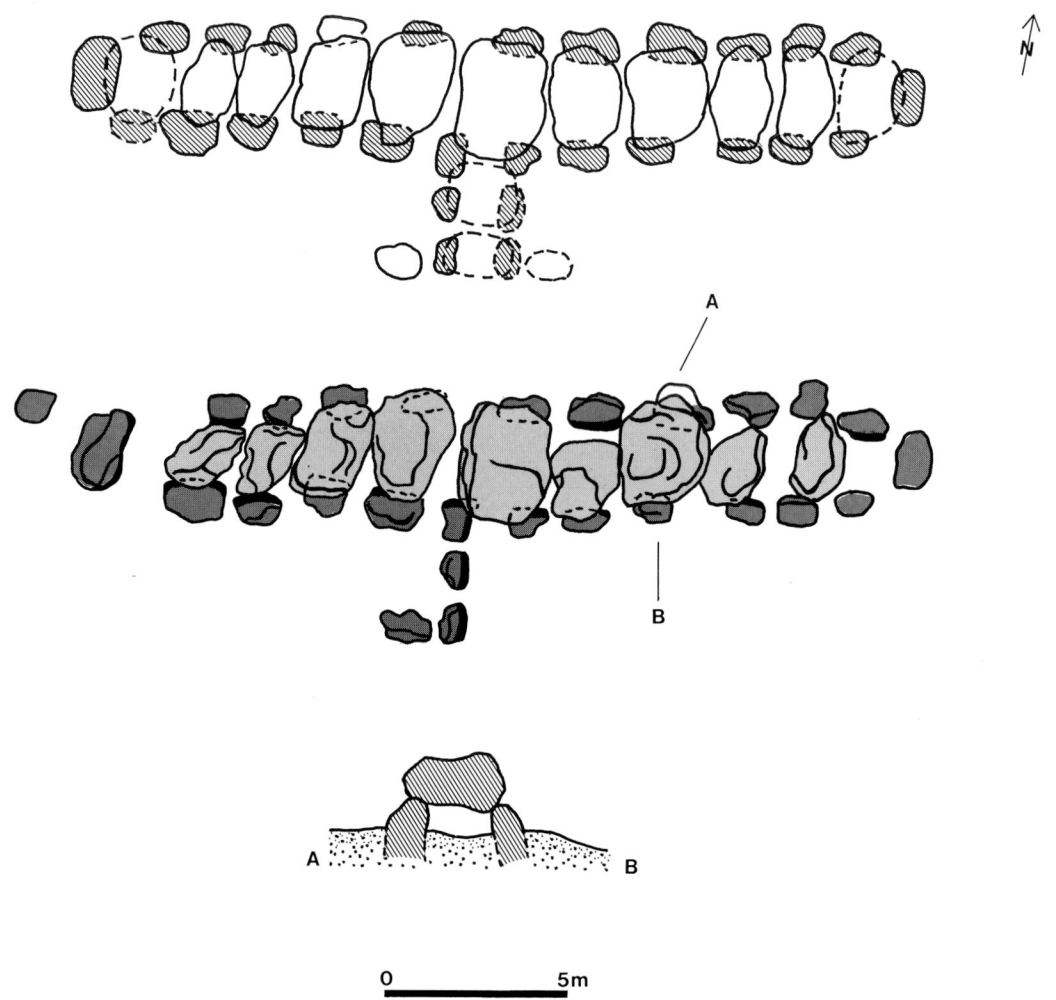

1

Börger - „*Steenhus*"

Gemeinde Börger, Landkreis Emsland

Die Grabkammer ist gut erhalten. Der Eingang befindet sich in der Mitte der südlichen Längsseite. Fast alle Trag- und Decksteine sind vorhanden. Die Kammer ist in Ost-West-Richtung angelegt. Von der ursprünglichen Umfassung der Steine ist nur noch ein Stein vorhanden. Reste von den ehemaligen länglichen Hügeln sind noch erkennbar. Die Kammer hat eine Länge von ca. 14,5 und eine Breite von 2,5 m. Die Anlage liegt zwischen zwei Wohnhäusern am Straßenrand. (Sprockhoff 819; IfD 4).

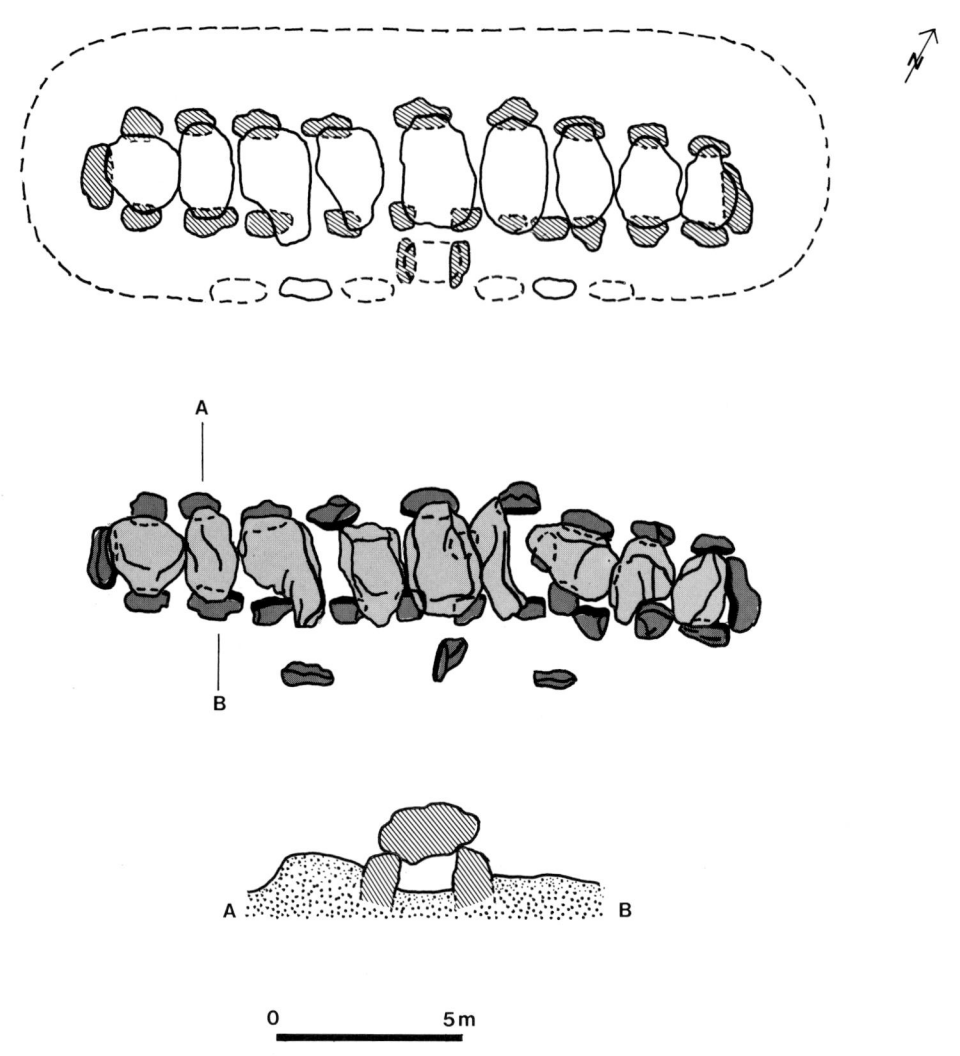

2

Werpeloh - „*Steenhus*"

Gemeinde Werpeloh, Landkreis Emsland

Das Grab liegt ca. 2 km nordwestlich der Ortschaft Werpeloh. Die Kammer ist gut erhalten. Sie liegt in Ost-West-Achse. Es handelt sich hier um ein Ganggrab. Der Eingang befindet sich in der Mitte der südlichen Längsseite. Die Kammer hat eine Länge von 16,5 m und eine lichte Breite von 2,3 und 1,8 m. 2 Umwallungssteine deuten darauf hin, daß die Anlage ehemals mit Umwallungssteinen und einem Hügel geschützt war. Die vermutliche Länge der gesamten Anlage liegt bei 22,7 m. Alle Kammersteine sind vorhanden, davon sind 9 Decksteine. Der Hügel deutet eine ovale Form an. Da die Kammer nicht in einer exakten Flucht liegt, läßt sich vermuten, daß ein Teil der westlichen Seite später angebaut wurde. (Sprockhoff 822; IfD 1).

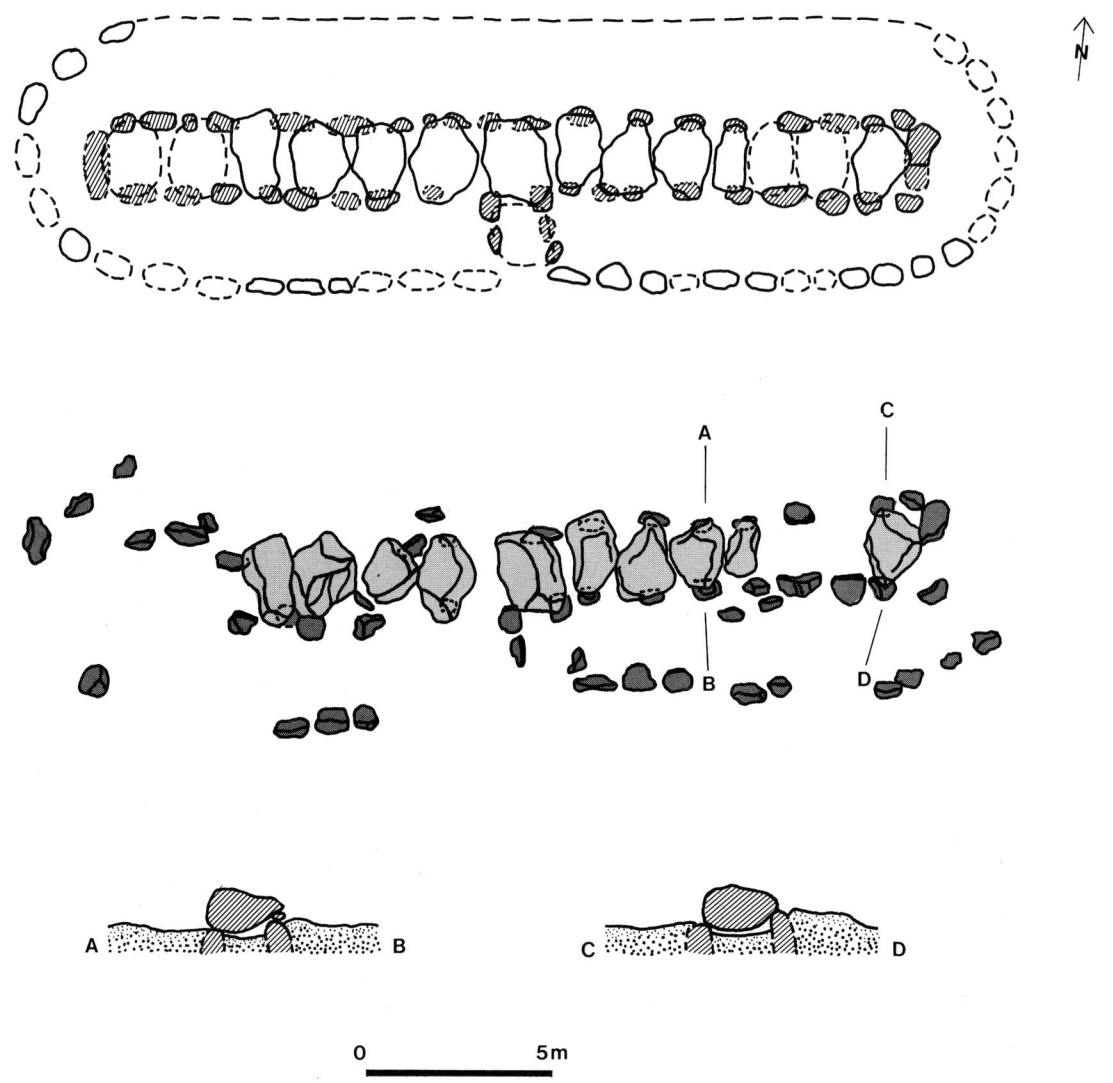

3

Werpeloh

Gemeinde Werpeloh, Landkreis Emsland

Das Grab liegt ca. 2 km nordwestlich der Ortschaft Werpeloh. Die Anlage ist relativ gut erhalten. Sie ist Ost-West ausgerichtet. Es handelt sich hier um ein Ganggrab, bei dem sich der Eingang in der Südlängsseite befindet. Die Länge der Kammer beträgt 20 bis 21 m und die Breite 1,6 m. Die Länge der Gesamtanlage läßt sich auf 27,5 m und die Breite auf 7,5 m schätzen. Von den ürsprünglich 14 Decksteinen sind 10 vorhanden. Die Tragsteine sind nicht alle vorhanden. Einige Steine der Ovaleinfassung sind an der Südseite nachweisbar. (Sprockhoff 823; IfD 2).

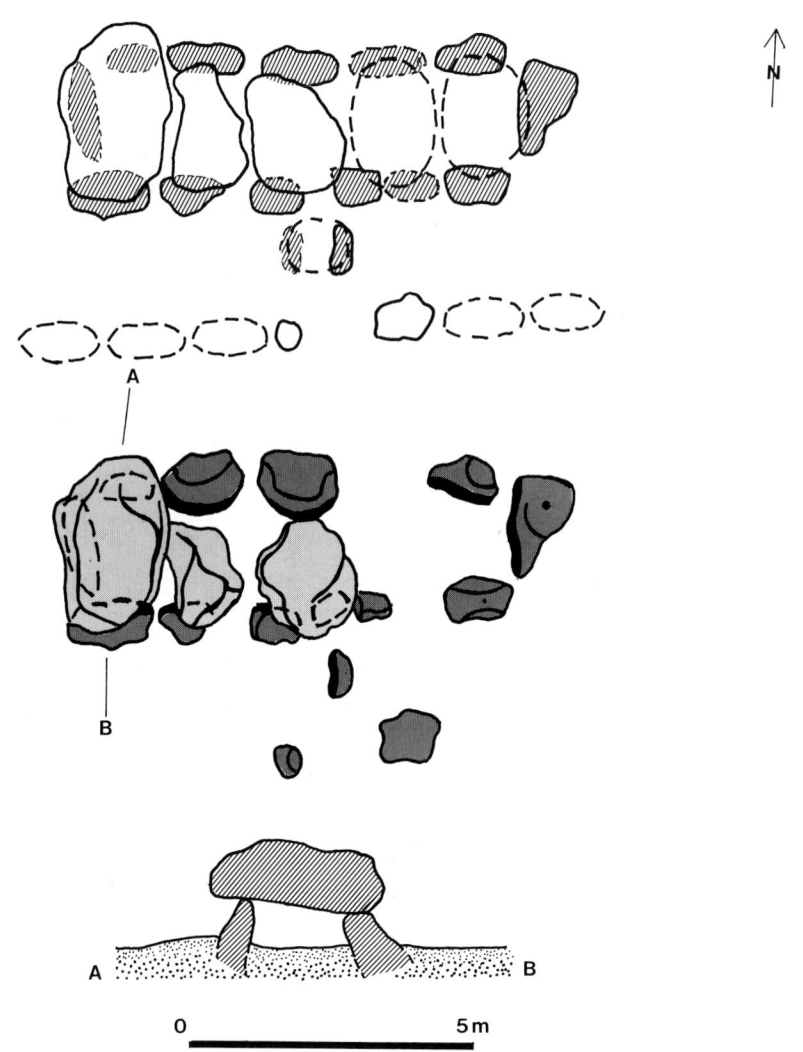

4

Werpeloh

Gemeinde Werpeloh, Landkreis Emsland

Die Anlage liegt ca. 1 km nordöstlich der Ortschaft Werpeloh. Die Kammer ist nicht vollständig erhalten. Sie ist Ost-West orientiert. Der Eingang befindet sich in der Mitte der Südseite. Die Kammerlänge beträgt 7,3, die Breite 1,7 m. Von den ursprünglich 5 Decksteinen sind noch 3 erhalten, von den 13 Tragsteinen noch 9. 2 Umfassungssteine deuten darauf hin, daß die Anlage mit einer Umwallung versehen war. Form und Maße lassen sich nicht rekonstruieren. (Sprockhoff 824; IfD 3).

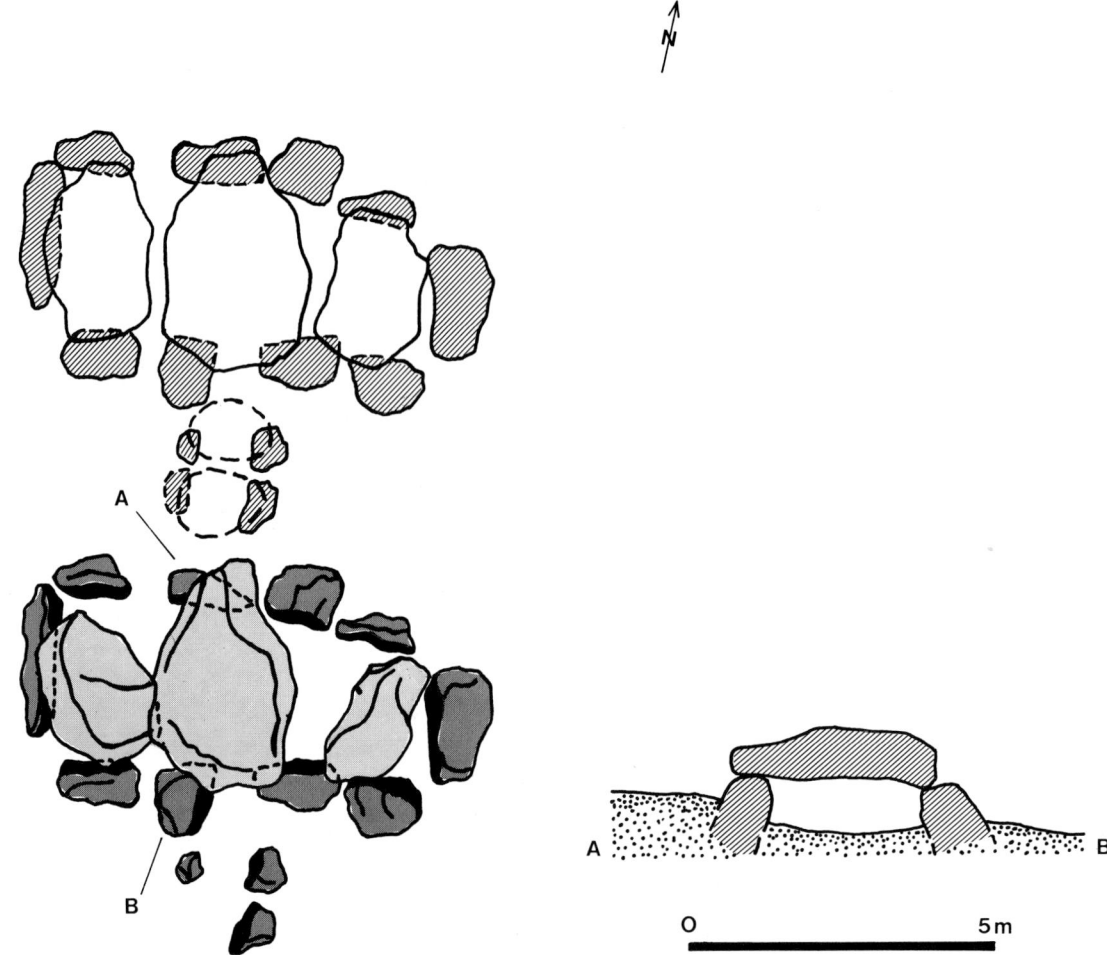

5 und 6

Werpeloh

Gemeinde Werpeloh, Landkreis Emsland

Das Grab liegt ca. 1 km östlich der Ortschaft Werpeloh. Die Anlage ist fast vollständig erhalten. Sie ist Ost-West orientiert. Es handelt sich hier um ein Ganggrab, bei dem sich der Eingang in der südlichen Längsseite befindet. Die Kammer hat eine Länge von 6,3 und eine Breite von 2,7 m. Alle Trag- und Decksteine sind vollständig oder teilweise erhalten. Ob die Anlage mit einer Umfassung versehen war, läßt sich nicht nachweisen. (Sprockhoff 825; IfD 5).

Ca. 12 m östlich vom Grab 825 befindet sich eine relativ gut erhaltene Anlage, die ungewöhnlicherweise Nord-Süd orientiert ist. Es handelt sich hier eventuell um einen großen Dolmen. Dafür spricht der Eingang, der sich an der südlichen Schmalseite befindet. Die Kammer hatte eine Länge von 3,7 und eine Breite von 1,8 m. Alle Deck- und Tragsteine sind noch vorhanden. Daß hier ehemals Umfassungssteine gelegen haben, ist nicht nachweisbar. Ob die beiden Gräber 825 und 826 zu einer Gesamtanlage gehören, läßt sich anhand der vorhandenen Befunde nicht rekonstruieren. (Sprockhoff 826; IfD 4).

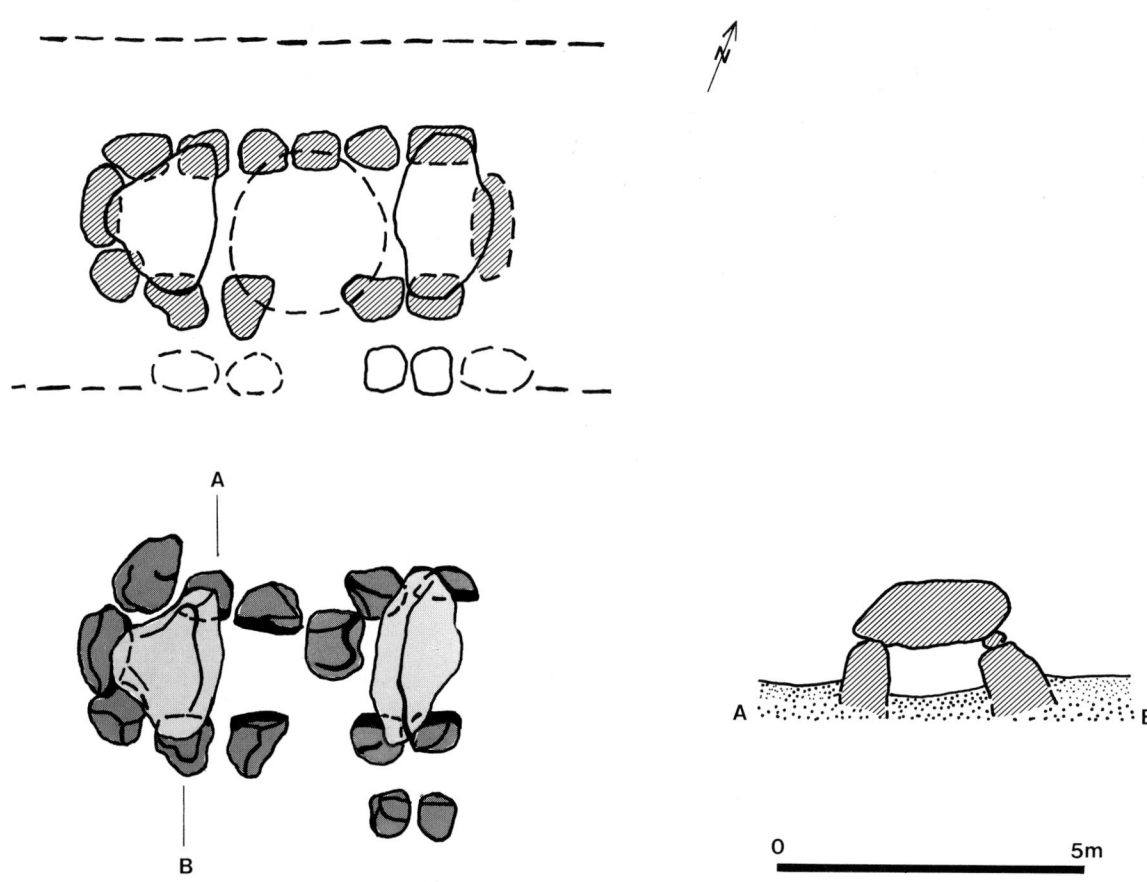

7

Harrenstätte - „*Poldenhünensteine*"

Gemeinde Spahnharrenstätte, Landkreis Emsland

Das Grab liegt ca. 2 km nordöstlich der Ortsmitte von Bern, nicht weit von dem Werlter Graben in einem Wald. Die Anlage ist unter der volkstümlichen Bezeichnung Poldenhünensteine bekannt. Die Kammer ist fast vollständig erhalten. Sie ist Ost-West orientiert. Von der ursprünglich rechteckigen Grabeinfassung sind nur 2 Steine vorhanden. Der Eingang wird an der Südseite der Grabkammer vermutet. Die Kammer ist innen 6 m lang und 1,7 bis 2 m breit. Westlich der Tragsteine fehlt 1 Deckstein. Reste vom Hügel sind sichtbar. Aus der Anlage sind einige Keramikstücke aus der Trichterbecherkultur bekannt. (Sprockhoff 829, IfD 1).

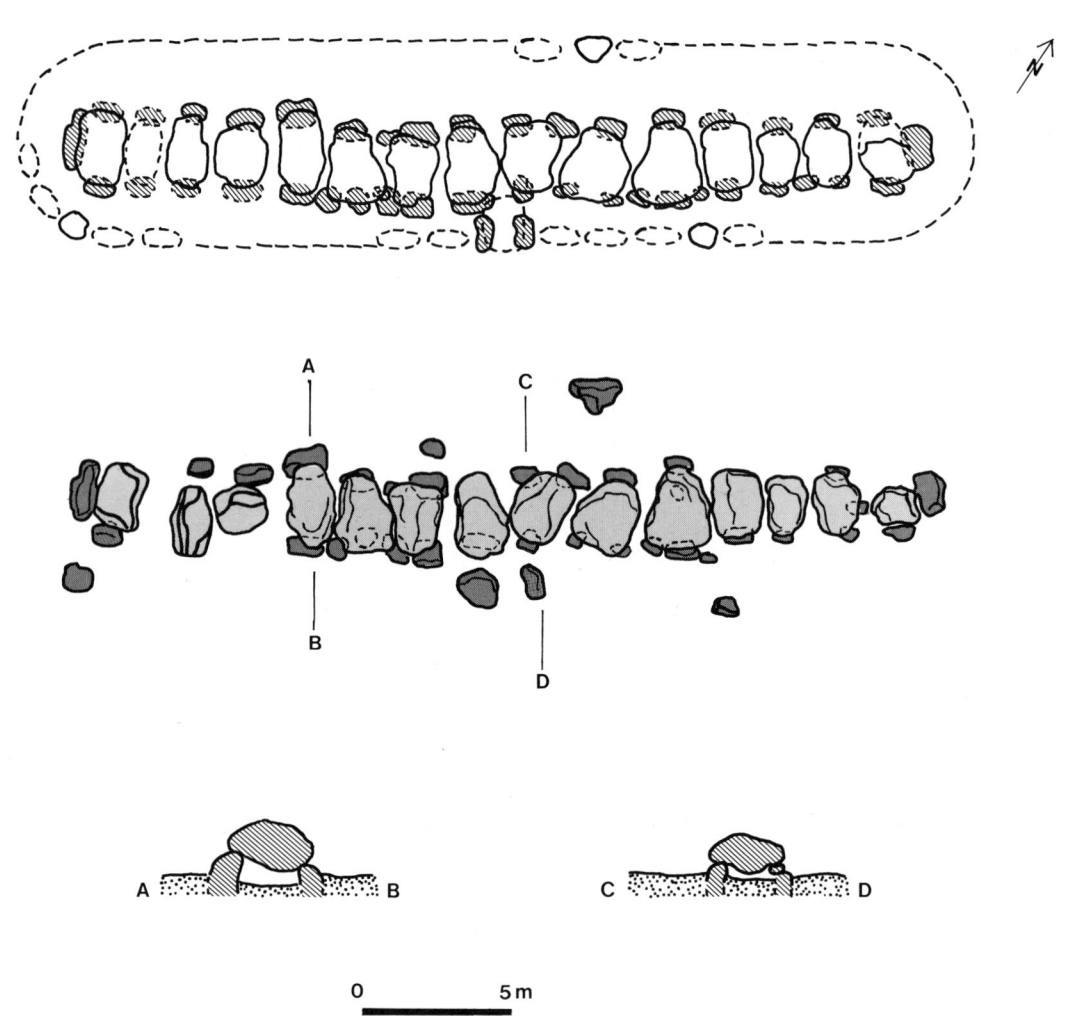

8

Werlte - „*De hoogen Stener*"

Gemeinde Werlte, Landkreis Emsland

Die Anlage liegt ca. 3 km nördlich des Ortes Werlte. Die Kammer ist im Gegensatz zu den Einfassungssteinen gut erhalten. Das Grab ist Nordost-Südwest ausgerichtet, besitzt vermutlich eine ovale Einfassung. Der Eingang befindet sich in der Mitte der Südseite. Die Länge der Kammer beträgt 27,5 m, die Breite 1,5 bis 2 m. Reste vom Hügel sind noch erkennbar. Das Grab wurde 1906 von Müller-Brauel ausgeräumt. (Sprockhoff 830; IfD 1).

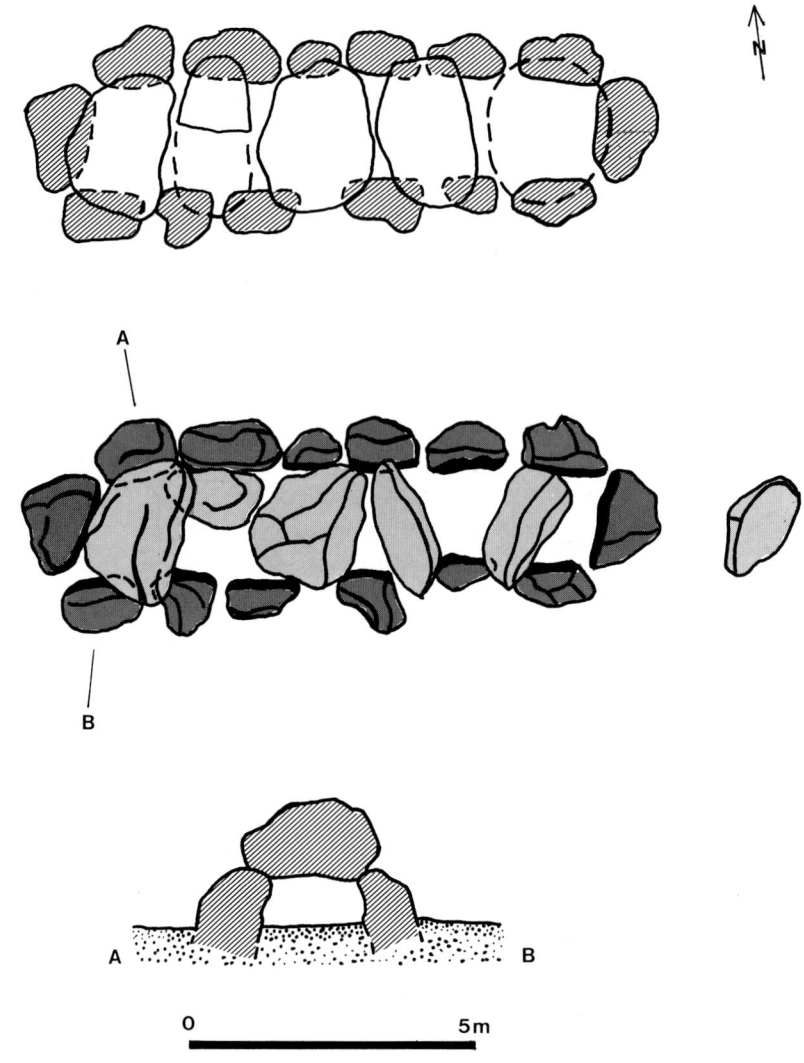

9

Ostenwalde

Gemeinde Werlte, Landkreis Emsland

Das Grab befindet sich nicht mehr am Originalstandort, sondern wurde 1971 nach einer wissenschaftlichen Untersuchung und Restaurierung um ca. 70 m östlich des ehemaligen Standortes versetzt. Die Kammer wurde absichtlich offengelassen (die Decksteine liegen daneben), um einen Einblick in die Kammer und die Bautechnik zu vermitteln. Die Kammer ist sehr gut erhalten. Sie ist etwa West-Ost orientiert. Alle Tragsteine sind vorhanden. Der Eingang befindet sich etwa in der Mitte der Südseite. Die Kammer besitzt eine Länge von 8,5 und eine Breite von 1,8 m. Ob die Anlage ursprünglich Umfassungssteine und einen Hügel gehabt hat, läßt sich nicht feststellen. Bei der Untersuchung 1971 konnten zahlreiche Keramik und Steingeräte sichergestellt werden. Es konnte ebenfalls nachgewiesen werden, daß mehrere Nachbestattungen aus der ausgehenden Jungsteinzeit vorgenommen wurden. (Sprockhoff 835; IfD 1).

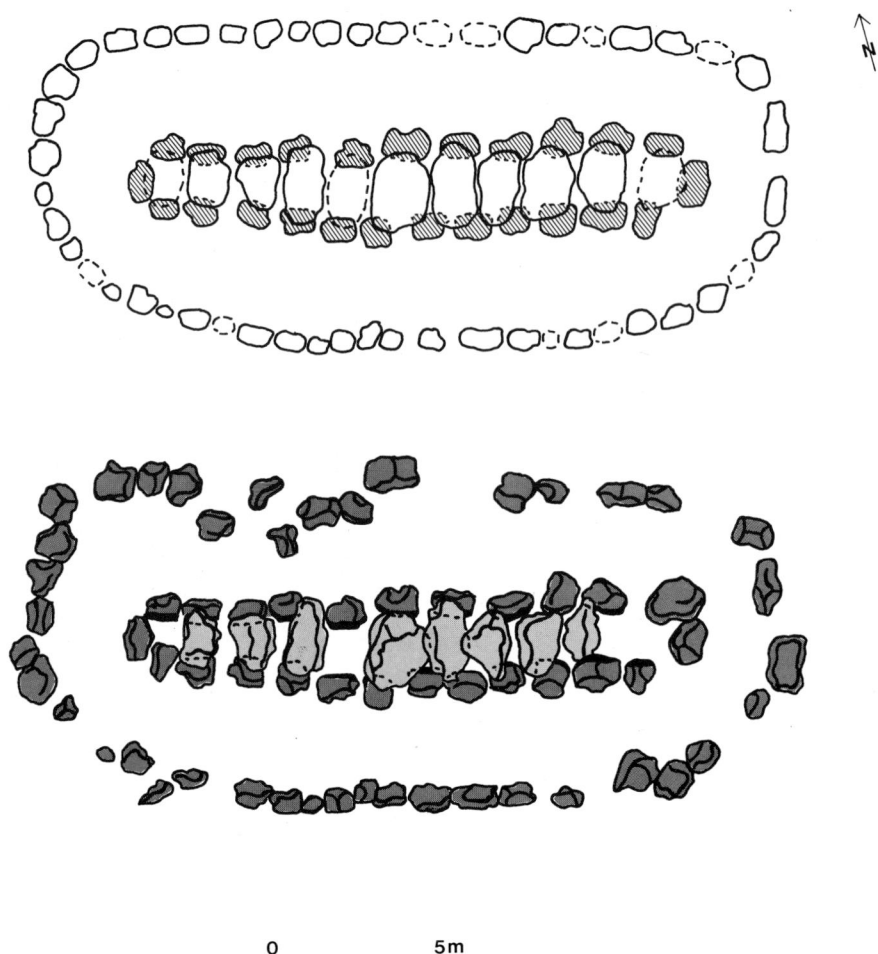

Hüven - „*Volbers Hünensteine*"

Gemeinde Hüven, Landkreis Emsland

Das Grab liegt ca. 500 m nordöstlich von der Ortschaft Hüven. Die Gesamtanlage ist sehr gut erhalten. Es fehlen lediglich 3 Decksteine und einige Umwallungssteine. Das Grab ist Ost-West orientiert. Der Eingang befindet sich auf der Südseite. Die Kammer liegt in einer ovalen Einfassung. Sie hat eine Länge von 15 m und eine Breite von 1 bis 1,5 m. Die Länge der Gesamtanlage beträgt 22 m und die Breite 10 m. (Sprockhoff 842; IfD 2).

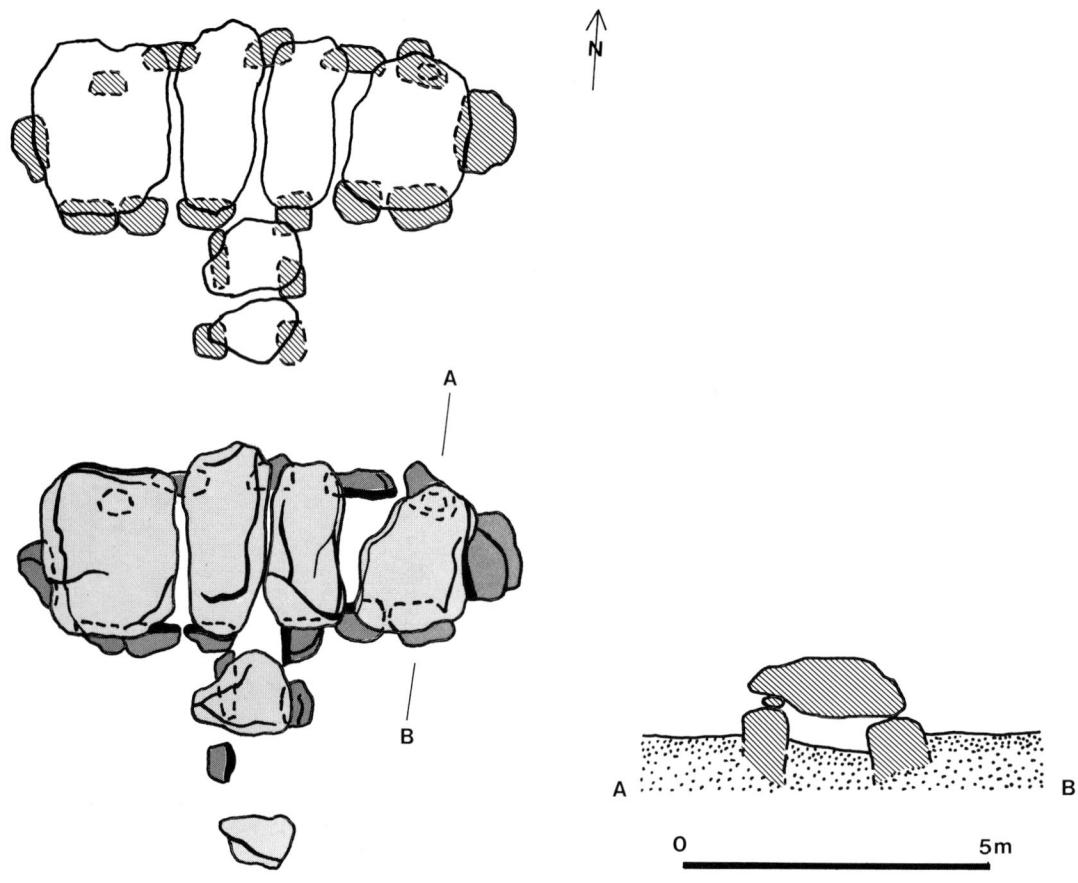

11

Groß Stavern

Gemeinde Stavern, Landkreis Emsland

Das Grab liegt ca. 3 km nördlich des Ortes Groß Stavern. Das Grab ist sehr gut erhalten. Es ist Ost-West orientiert. Der Eingang befindet sich in der Mitte der Südseite. Er besitzt 3 Tragsteine und 1 Deckstein. Ein zweiter Deckstein liegt in der Umgebung. Die Kammer hat eine Länge von 7 und eine Breite von 2,2 bis 1,5 m. Nach Osten hin wird sie schmaler. Sämtliche Deck- und Tragsteine sind vorhanden, liegen teilweise gestürzt in der Kammer. Ob diese Anlage mit Umwallungssteinen versehen war, läßt sich nicht nachweisen. Der Hügel ist ebenfalls nicht erkennbar. Um das Grab wurde in der jüngeren Zeit eine Wallanlage angelegt. (Sprockhoff 844; IfD 16).

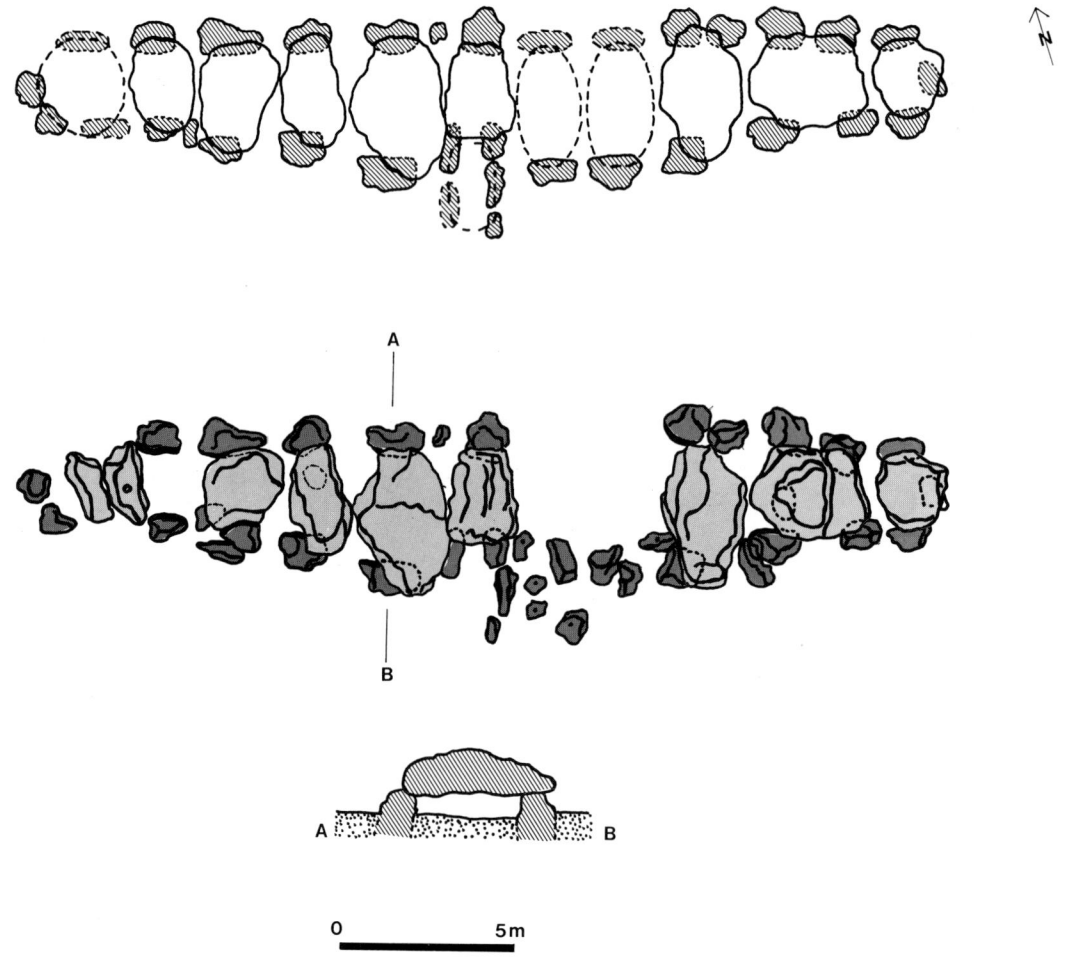

0 _____ 5m

12

Groß Stavern

Gemeinde Stavern, Landkreis Emsland

Die Anlage liegt ca. 1,5 km südlich des Ortes Groß Stavern parallel zur Straße Klein Berßen-Groß Stavern. Die Anlage ist relativ gut erhalten. Sie ist Ost-West orientiert. Der Eingang befindet sich auf der Südseite. Von den ursprünglich 30 Tragsteinen fehlen 4 Stück, von den 11 Decksteinen 3. Das Grab wurde an der West- und Ostseite schmaler gebaut, in der Mitte jedoch breit. Die Länge insgesamt liegt bei 25 m und die Breite zwischen 3 und 1,8 m. Der Eingang hat eine Länge von 3 m und eine Breite von 0,7 m. In dem mittleren Bereich der Kammer sind erhebliche Zerstörungen der letzten Jahre sichtbar. Ob die Kammer in einem Hünenbett gelegen hat, läßt sich nicht nachweisen, jedenfalls ist der Hügel nicht deutlich erkennbar. (Sprockhoff 846; IfD 53).

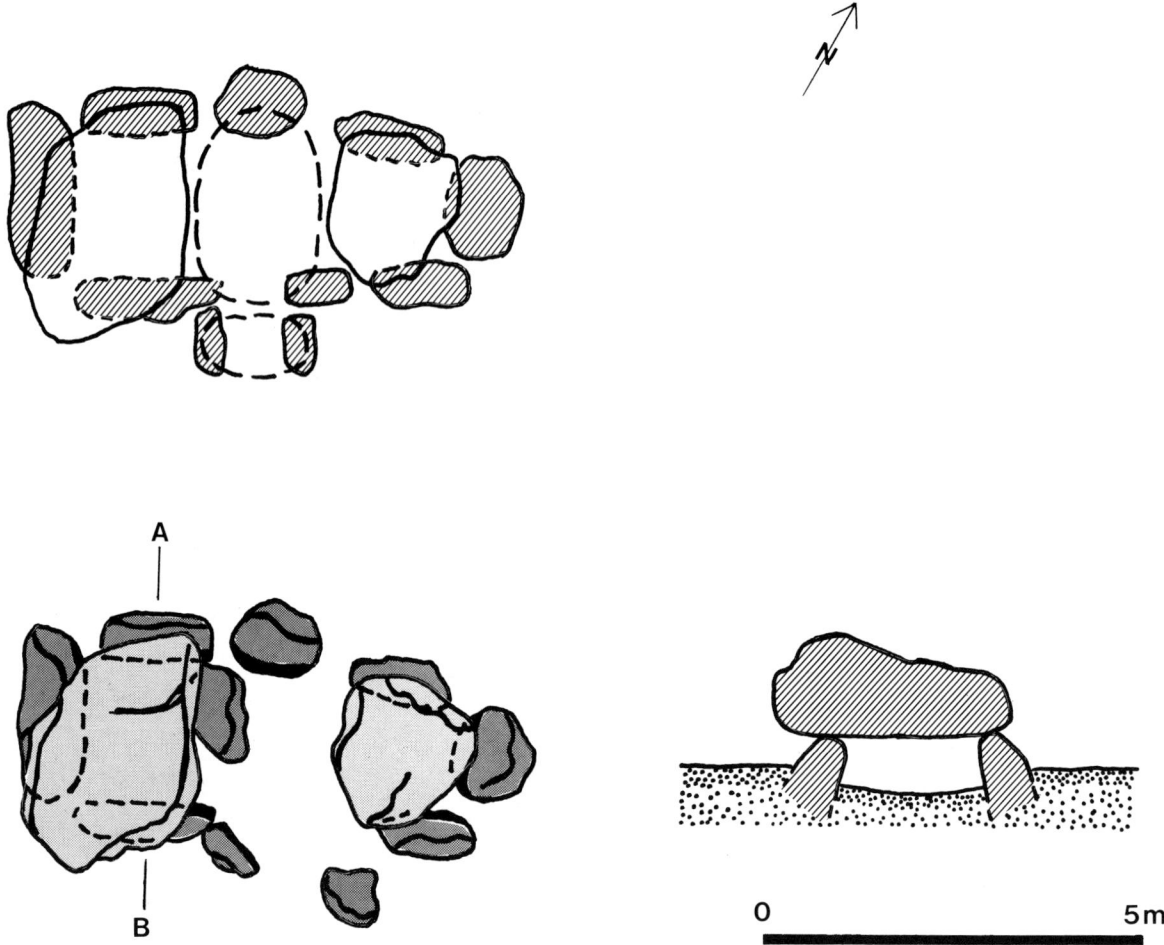

13

Apeldorn „*Der steinerne Schlüssel*"

Stadt Meppen, Landkreis Emsland

Das Grab liegt ca. 1,5 km südwestlich der Kirche Apeldorn. Es ist unter der Bezeichnung „Steinerne Schüssel" bekannt. Die Anlage ist Ost-West angelegt und sehr gut erhalten. Alle Tragsteine sind vorhanden. Von den ursprünglich 3 Decksteinen fehlt der mittlere. Der Eingang befindet sich auf der Südseite und besitzt noch seine 2 Tragsteine. Der Deckstein für den Eingang fehlt. Die Länge der Kammer beträgt 4,9 m und die Breite variiert zwischen 2 und 1,4 m. Von dem ehemals eventuell aufgeschütteten Hügel läßt sich nichts erkennen. Ein Rest einer neuen Wallanlage ist sichtbar. (Sprockhoff 852; IfD 1).

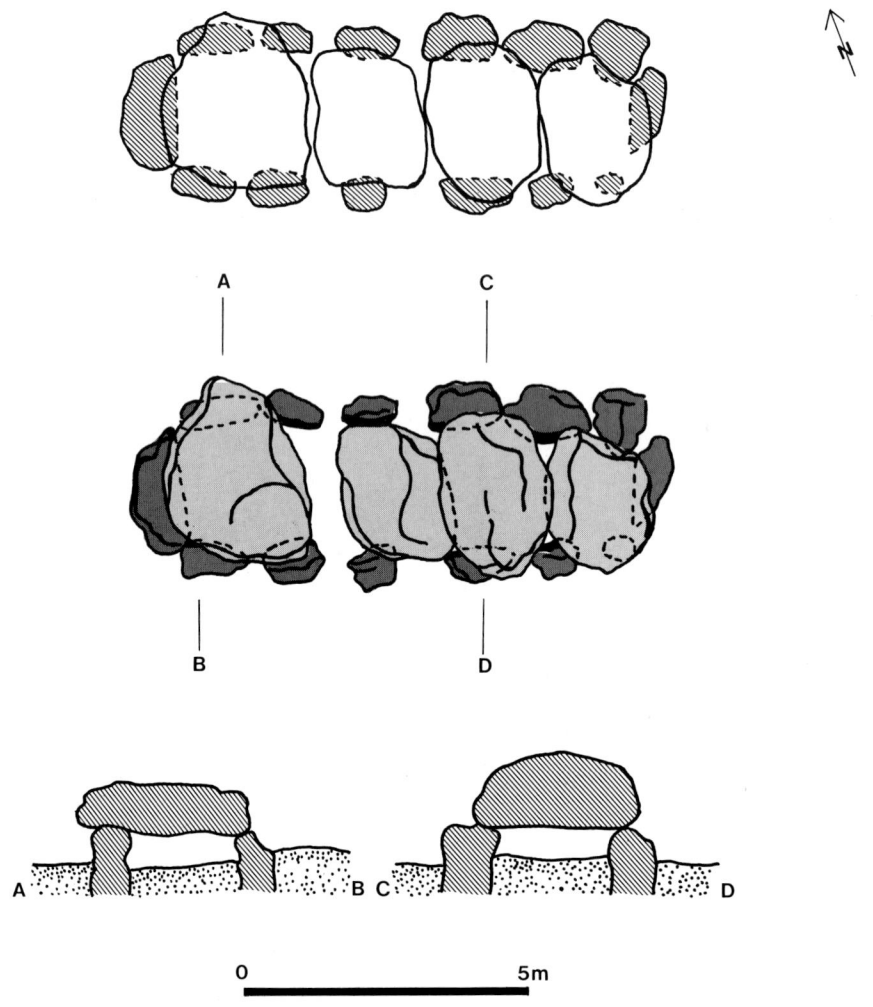

0   5m

14

Groß Berßen

Gemeinde Groß Berßen, Landkreis Emsland

Das Grab liegt ca. 3,5 km westlich der Kirche von Hüven an der Straße Hüven-Groß Berßen. Die Kammer ist ostwestlich angelegt und ist sehr gut erhalten. Der Eingang wird auf der Südseite vermutet. Die ursprünglich 14 Tragsteine sind alle vorhanden, die dazugehörigen 4 Decksteine ebenfalls. Die Kammer hat eine Länge von 8 und eine Breite von 2 m. Spuren von Umwallungssteinen und Hügel lassen sich nicht nachweisen. In der näheren Umgebung dieser Anlage sind einige Gräber vorhanden, die sehenswert sind. Das Grab 961 wurde 1955 von Frau Dr. Schlicht untersucht und wiederaufgebaut. (Sprockhoff 857; IfD 2).

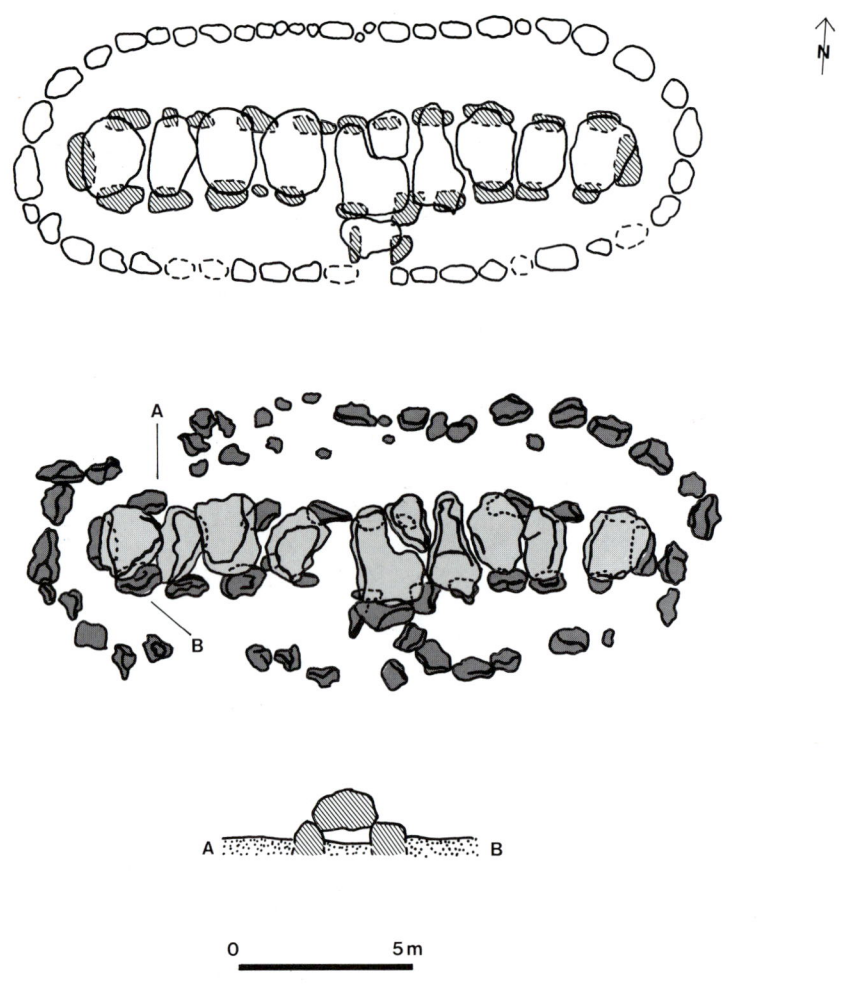

15

Groß Berßen - „*Königsgrab*"

Gemeinde Groß Berßen, Landkreis Emsland

Das Grab liegt ca. 2,7 km westlich der Ortschaft Hüven auf einem leicht erhöhten Plateau. Die Anlage ist Ost-West orientiert. Die Kammer liegt in einer ovalen Einfassung. Der Eingang befindet sich auf der Südseite. Von ihm sind einige Steine vorhanden. Einige der Umwallungssteine fehlen. Die Kammersteine hingegen sind alle vorhanden. Die Anlage hat eine Länge von 24 und eine Breite von 12 m. Die Länge der Kammer beträgt ca. 15 m, die lichte Breite 1,8 m. (Sprockhoff 860; IfD 8).

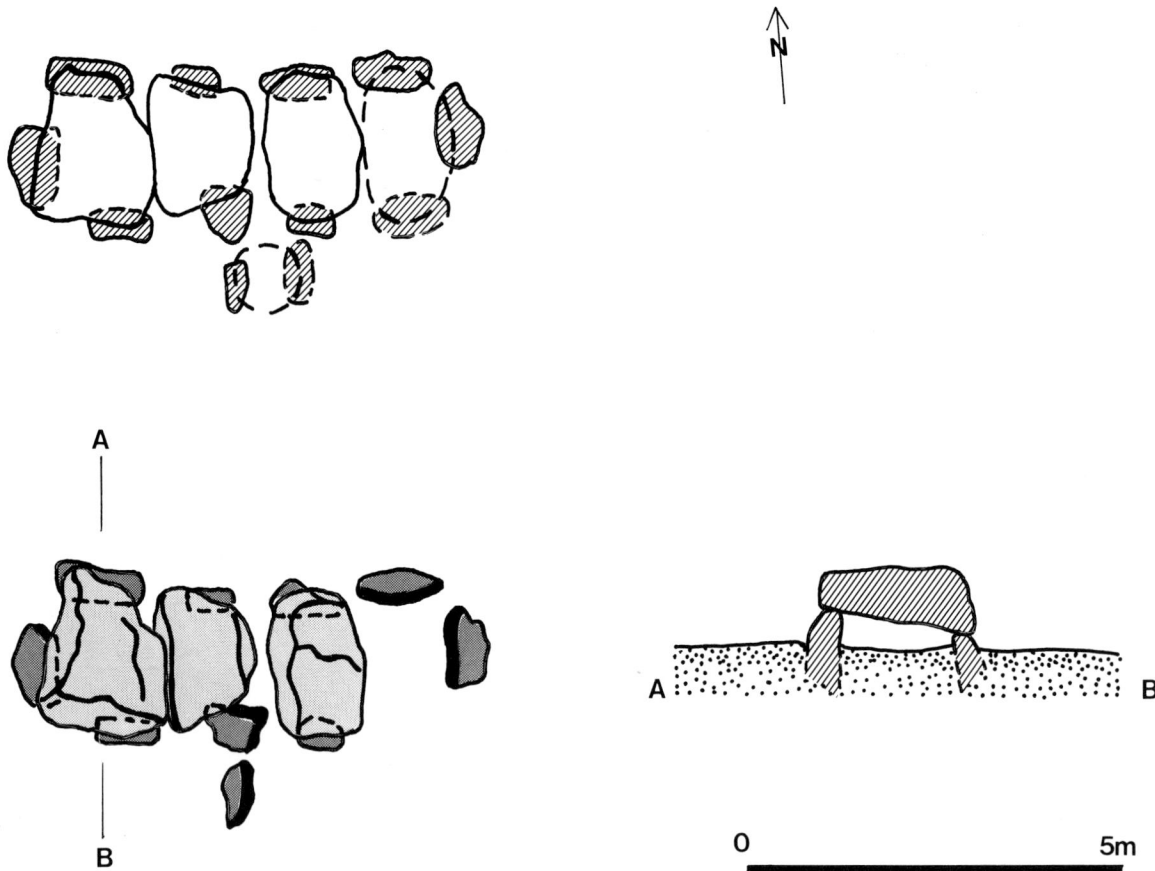

16

Westerloh

Stadt Haselünne, Landkreis Emsland

Das Grab liegt ca. 1 km nordwestlich des Kilometersteins 20 an der Landstraße Westerloh-Lähden. Das Grab ist ebenfalls Ost-West orientiert. Der Eingang befindet sich in der Mitte der Südseite. Die ursprünglichen 10 Tragsteine fehlen, und von den 4 Decksteinen fehlt ebenfalls 1 Stein. Von den Eingangssteinen liegt nur noch einer in ursprünglicher Lage. Die Kammer hat eine Länge von 5 m und eine Breite von 1,5 m. Die Kammer steht noch tief im Erdboden. Ob hier eine Umfassung oder ein Hügel vorhanden gewesen ist, läßt sich nicht nachweisen. 1835 wurden Ausgrabungen durchgeführt. Dabei sind Keramik und Feuersteinbeile aus der Trichterbecherkultur zutage gekommen. (Sprockhoff 863; IfD 2).

64

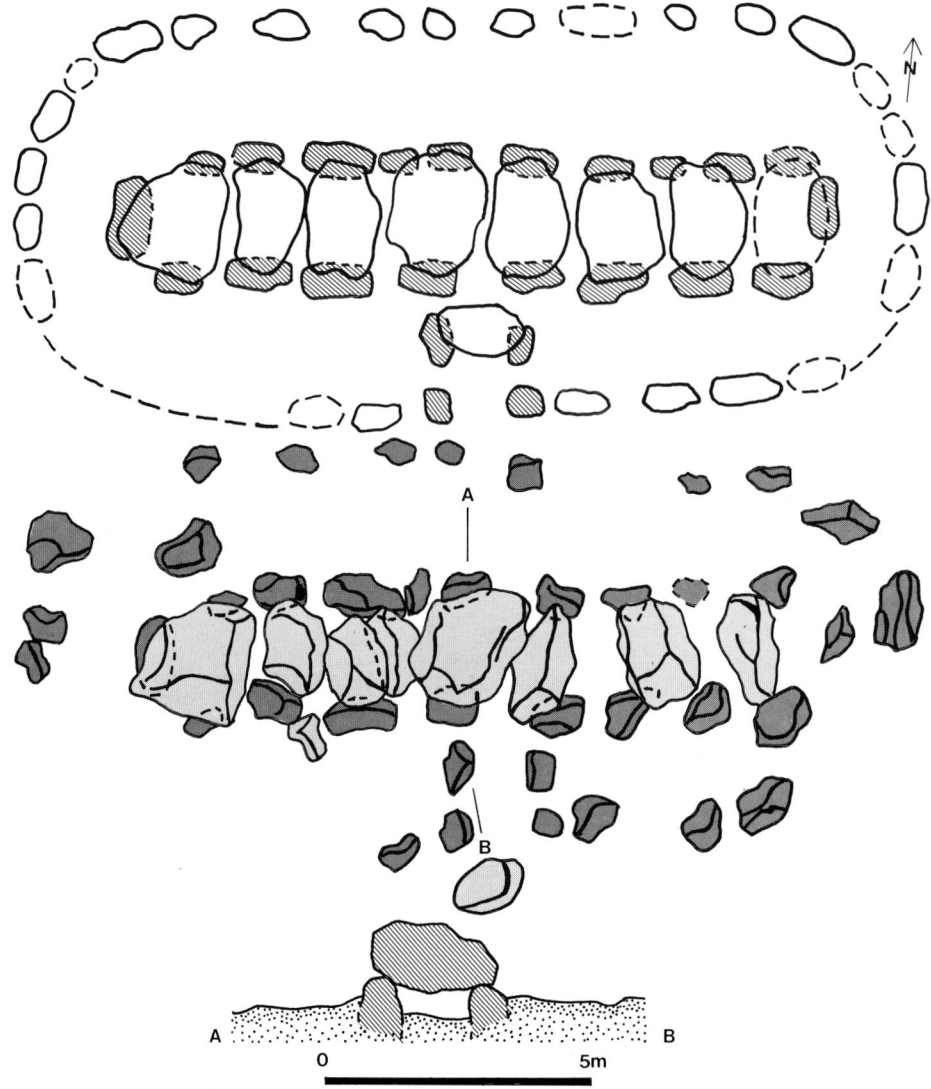

17

Westerloh

Stadt Haselünne, Landkreis Emsland

Die Anlage liegt ca. 230 m südwestlich des Kilometersteins 2 an der Straße Westerloh-Lähden und ca. 1 km südöstlich vom Grab 863 entfernt. Die Anlage ist in Ost-West-Richtung angelegt und relativ gut erhalten. Die Kammer liegt vermutlich in einer ovalen Einfassung. Der Eingang befindet sich auf der Südseite. Alle Tragsteine sind vorhanden, von den Decksteinen fehlt einer. Die Rekonstruktion der Anlage ergibt eine Länge von 17 und eine Breite von 7,5 m. Die Kammer hatte eine Länge von 12,3 und eine Breite von 1,6 m. Auffällig am größten Deckstein ist die rote Granitfarbe. Bei Nachgrabungen im letzten Jahrhundert wurden Feuersteinbeile und tiefstichverzierte Keramik der Trichterbecherkultur gefunden. (Sprockhoff 864; IfD 1).

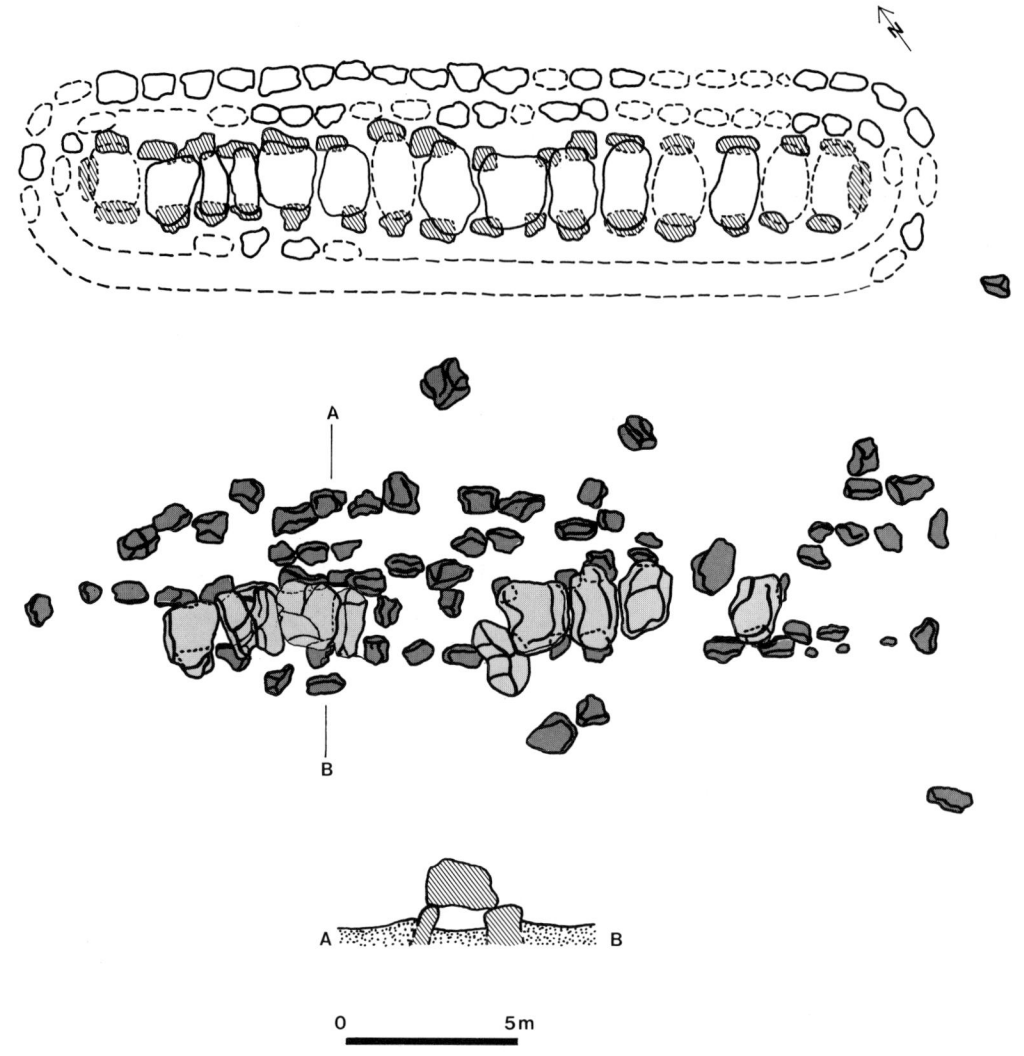

18

Lähden

Gemeinde Lähden, Landkreis Emsland

Das Grab liegt ca. 2,8 km nördlich von Lähden an der Landstraße Waldhöfe-Ost-Lähden. Die Kammer ist relativ gut erhalten, die Umwallungssteine zeigen eine doppelte ovale Steineinfassung. Der Eingang läßt sich nicht mehr lokalisieren, die Anlage ist Nordost-Südwest orientiert. Die Kammer hat eine Länge von 21,5 und eine Breite von 1,8 m. Die Anlage ist insgesamt 25 m lang und 7 m breit. Reste eines Hügels lassen sich im Gelände nur schwach erkennen. (Sprockhoff 866; IfD 1).

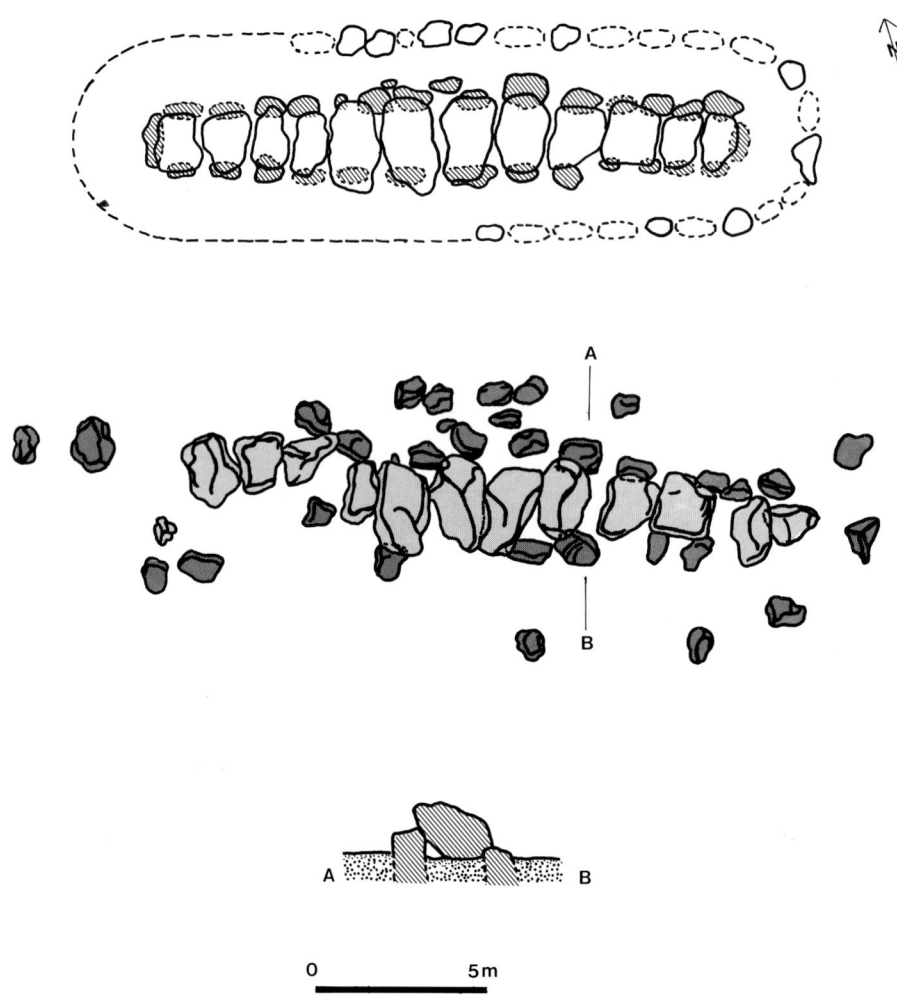

19

Herßum

Gemeinde Lähden, Landkreis Emsland

Die Anlage liegt ca. 1,4 km nördlich der Ortschaft Holte-Lastrup. Die Kammer ist fast vollständig erhalten. Die noch vorhandenen Umwallungssteine weisen eine ovale Einfassung auf. Die Anlage ist in Ost-West-Richtung angelegt und hat eine Länge von 20 m und eine Breite von 7 m. Die Kammer selbst mißt eine Länge von ca. 15 m und eine Breite von 1,5 m. (Sprockhoff 867; IfD 1).

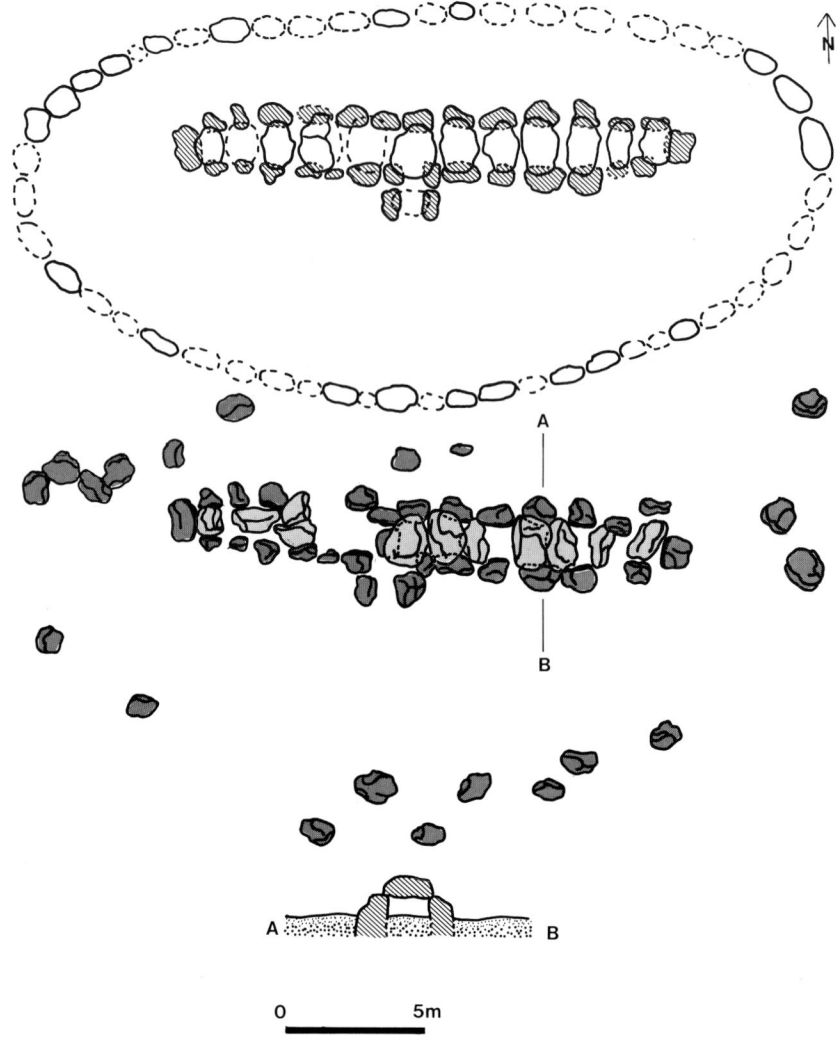

20

Langen

Gemeinde Langen, Landkreis Emsland

Ca. 3 km südlich von Langen entfernt liegt eine relativ gut erhaltene Steinkammer in einer unregel-mäßigen ovalen Einfassung. Die Rekonstruktion der Umwallungssteine zeigt eine nach Süden hin ausgedehnte Ausbuchtung. Die Anlage ist Ost-West orientiert. Insgesamt hat sie eine Länge von 30 m und eine Breite, in der Mitte gemessen, von 14 m. Die Kammer hat eine Länge von 17 m und eine Breite von 1 bis 1,2 m. Der Eingang befindet sich in der Mitte der Südseite und läßt sich sehr gut rekonstruieren. Hügelreste lassen sich gut im Gelände erkennen. (Sprockhoff 873; IfD 2).

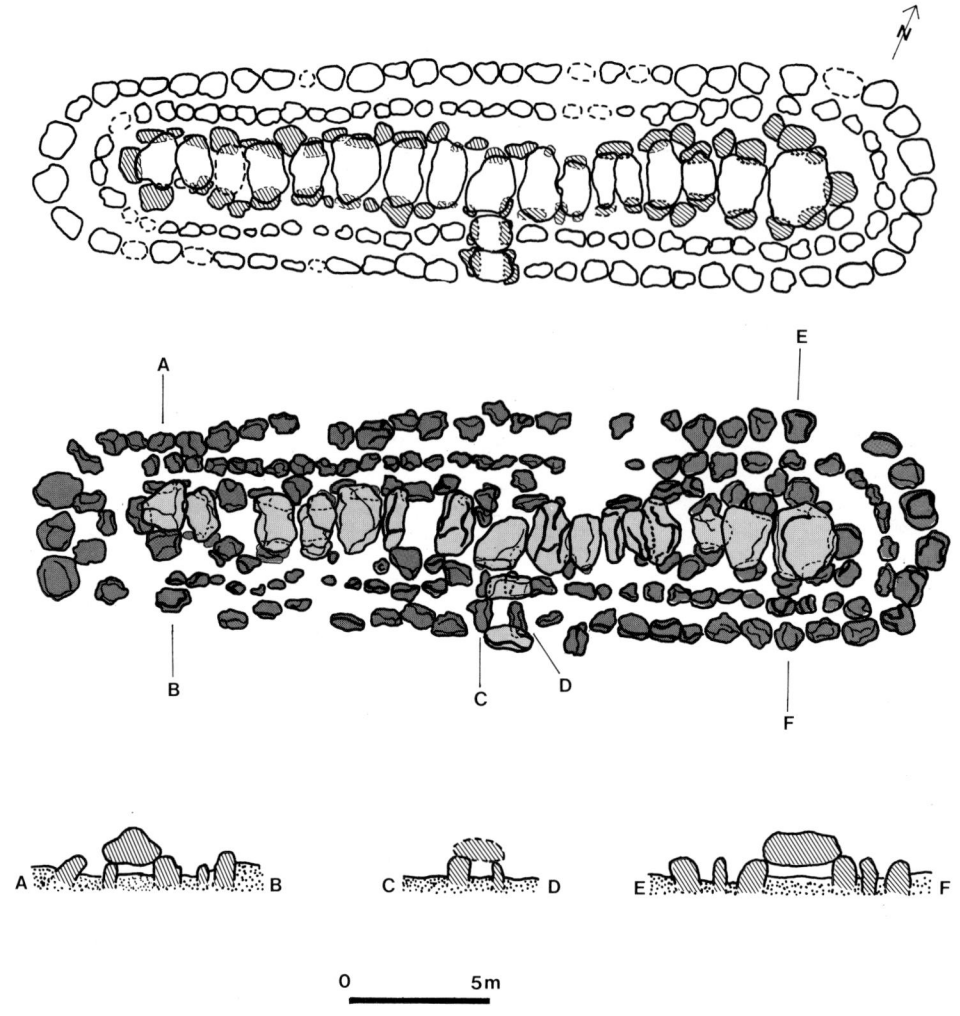

21

Thuine

Gemeinde Thuine, Landkreis Emsland

Das Grab liegt 1 km nördlich von Thuine. Das Grab ist das eindrucksvollste Grab Nordwestdeutschlands. Die Anlage besteht aus doppelten Umwallungsreihen, angelegt in ovaler Form. Die Kammer nimmt fast den gesamten Innenraum der ersten Reihe ein. Die Anlage ist Ost-West orientiert und fast vollständig erhalten. Die Gesamtanlage hat eine Länge von 33 m und eine Breite von ca. 8 m. Der innere Umwallungskreis hat eine Länge von 29 und eine Breite von 6 m. Die Kammer, die unregelmäßig ist, hat eine Länge von 26,5 und eine Breite von 4,4 m. Der Eingang befindet sich in der Mitte der Südseite und hat eine Breite von 0,7 bis 0,9 m und eine Länge von 2,4 m. Von den ursprünglichen 17 Decksteinen fehlen vermutlich 3. Einige Tragsteine sind ebenfalls nicht mehr vorhanden. Die Anlage wurde 1820 durch den Grafen Münster untersucht. Im Landesmuseum Hannover befinden sich einige Fundstücke, die als Beigaben in der Anlage gefunden worden sind, wie z.B. Keramikscherben mit Tiefstichverzierung und einige Steingeräte. 1878 fand Müller-Brauel einige Scherben, menschliche Knochen und Holzkohle. (Sprockhoff 874; IfD 1).

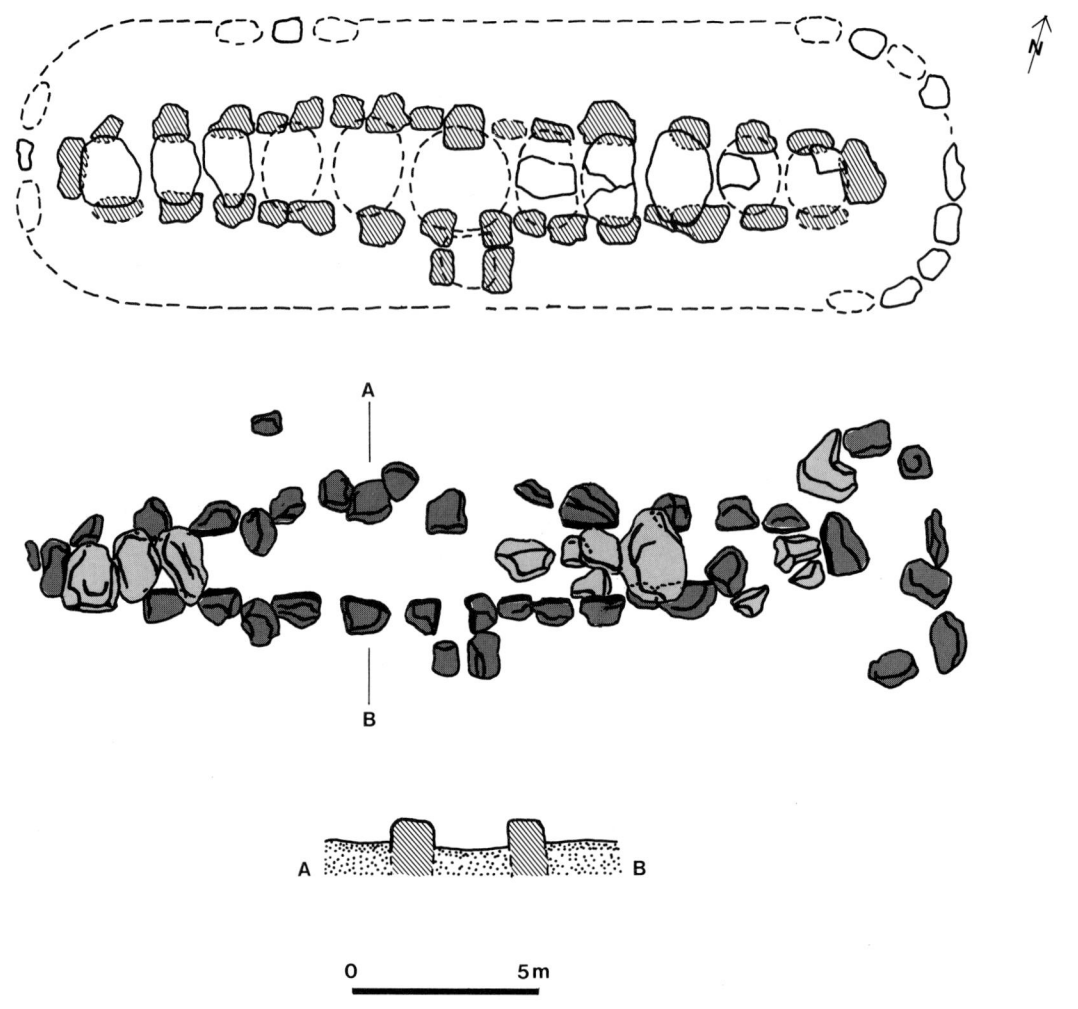

22

Freren

Stadt Freren, Landkreis Emsland

Das Grab liegt ca. 2 km nordöstlich von Freren entfernt. Die Anlage ist relativ gut erhalten und läßt sich ohne weiteres rekonstruieren. Es handelt sich hier um eine Grabkammer in einer ovalen Einfassung, West-Ost angelegt. Die meisten Tragsteine sind erhalten und liegen in ursprünglicher Lage. Von den vermuteten 11 Decksteinen fehlen 4 vollständig und von den restlichen einige Bruchstücke. Der Eingang befindet sich in der Mitte der Südseite, die lichte Weite der Kammer beträgt 20,5 m in der Länge und 2 m in der Breite. Die Verjüngung der Kammer erfolgt ungleichmäßig. (Sprockhoff 875; IfD 1).

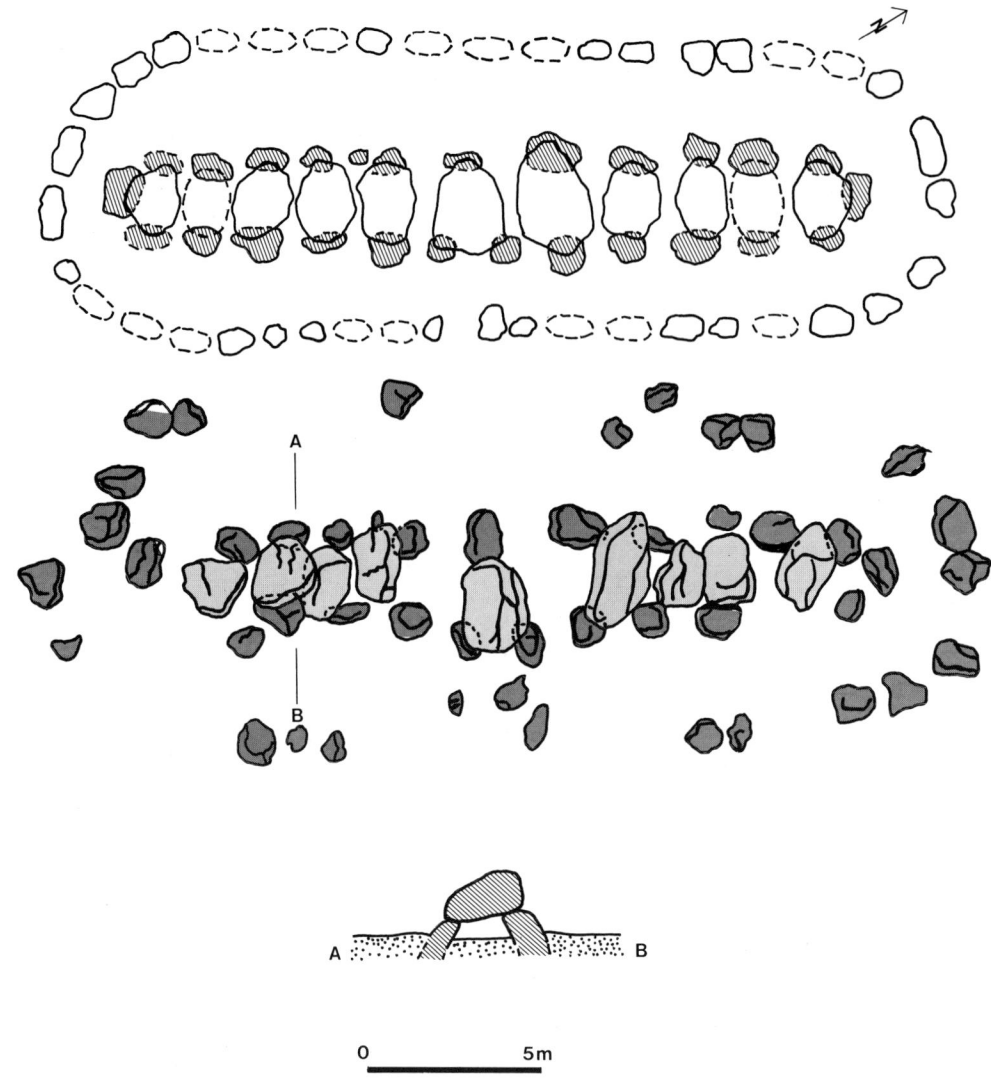

23

Mehringen - „*Mehringer Steine*"

Gemeinde Emsbüren, Landkreis Emsland

Das Grab von Mehringen liegt ca. 1 km südwestlich vom Ortskern Mehringen. Die Anlage ist relativ gut erhalten, läßt sich ohne weiteres rekonstruieren. Die Anlage ist Nordost-Südwest angelegt. Der Eingang befindet sich vermutlich an der Südseite. Die noch erhaltenen Tragsteine liegen zum größten Teil in ihrer ursprünglichen Lage. Von den 11 Decksteinen sind 9 vorhanden. Ein besonderer Deckstein ragt hervor, er hat eine Länge von 3,5 m, eine Breite von 2,3 m und eine Dicke von 1,6 m. Die lichte Weite der Kammer liegt bei 20,5 zu 1,8 bzw. 1,4 m. Von den ovalen Umfassungssteinen sind noch 23 vorhanden. Sie liegen nicht alle an ihren Originalplätzen. (Sprockhoff 880; IfD 2).

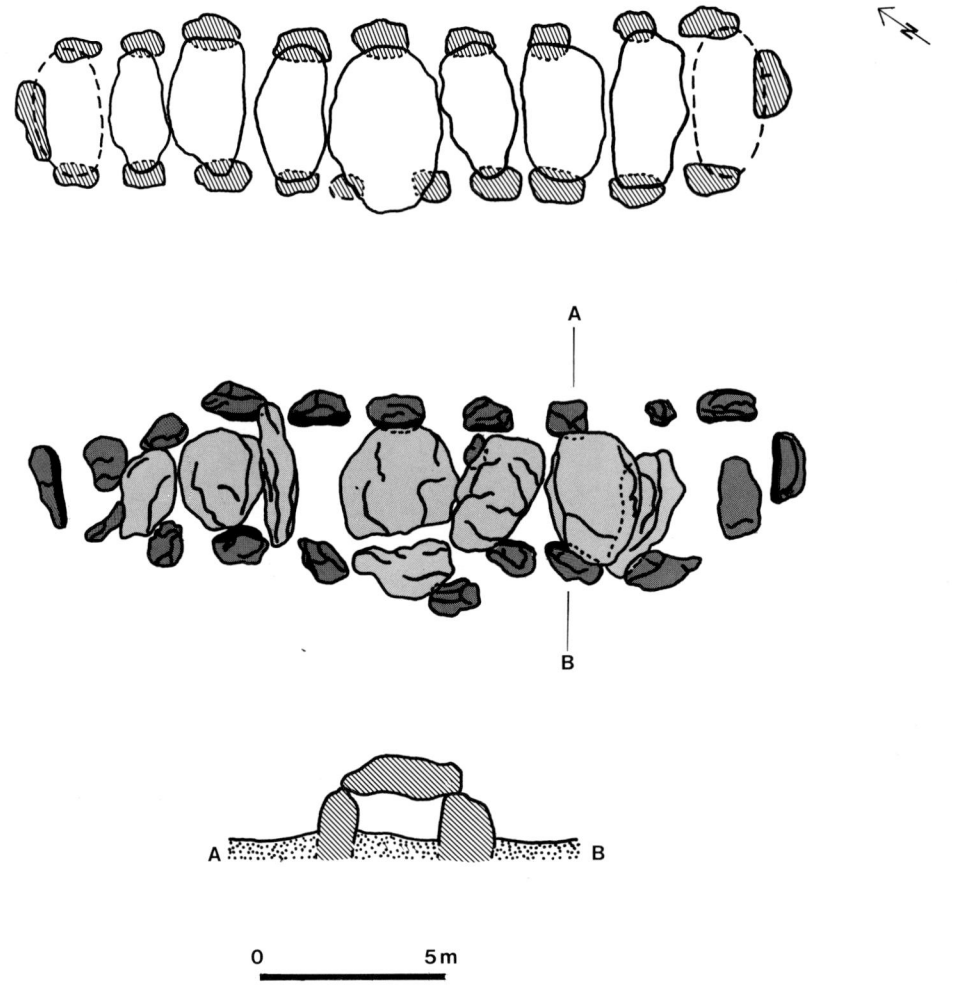

24

Hekese

Gemeinde Berge, Landkreis Osnabrück

Das Grab liegt ca. 1 km südlich von Hekese und ca. 100 - 150 m östlich von dem Großsteingrab Nr. 884 entfernt. Sie ist Nordwest-Südost angelegt. Die Anlage ist sehr gut erhalten. Die meisten Steine liegen an ihren Originalplätzen. Sie ist Nordwest-Südost angelegt. Von den ursprünglich 9 Decksteinen fehlen 2, auch einige Tragsteine fehlen. Der Eingang befindet sich vermutlich auf der Südseite. Die Anlage ist ohne Umwallungssteine gebaut. Die lichte Weite der Kammer beträgt 19 zu 3,5 m bzw. 2,7 m. (Sprockhoff 883; IfD 1).

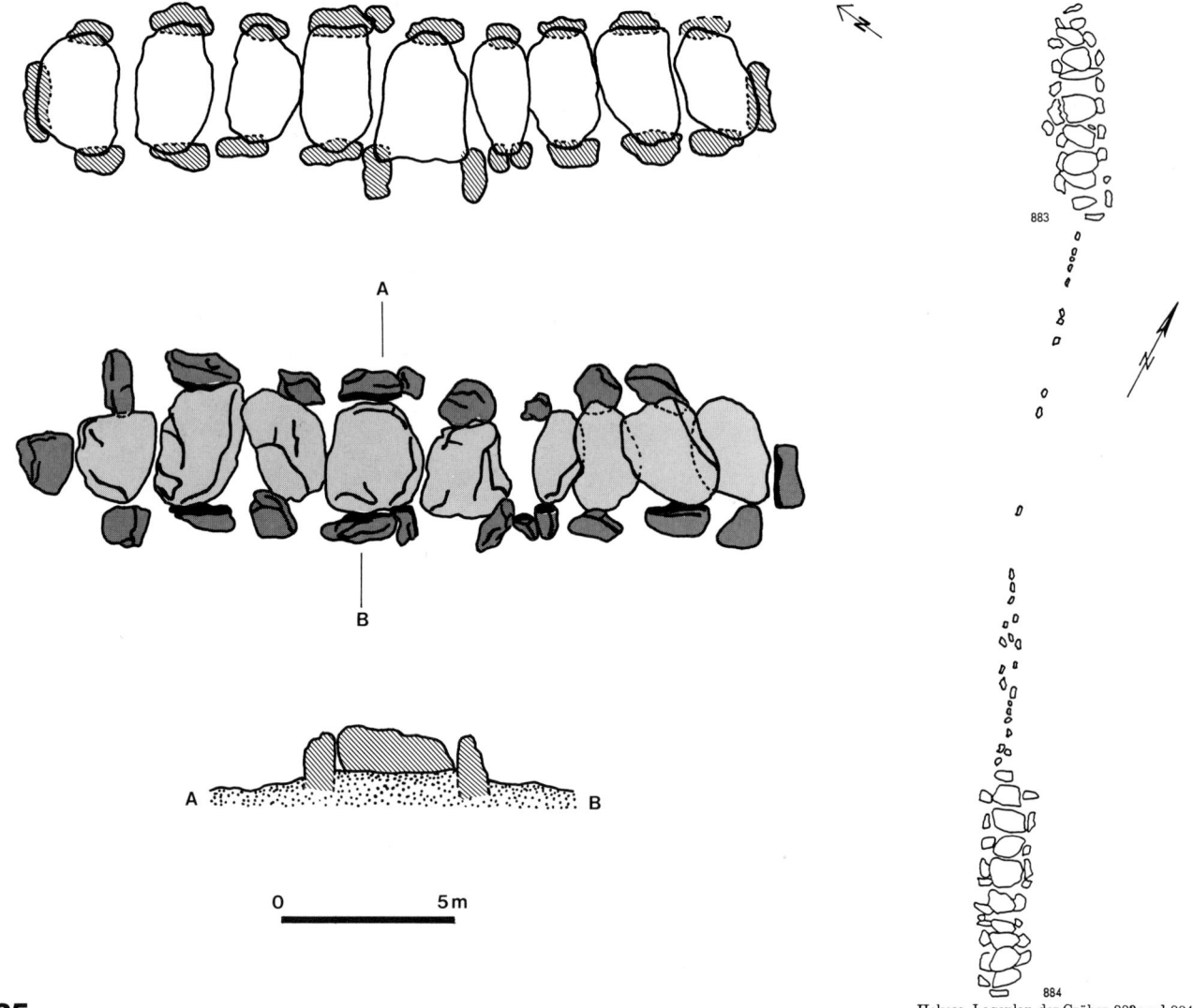

883

884

Hekese, Lageplan der Gräber 883 und 884

0   5m

25

Hekese

Gemeinde Berge, Landkreis Osnabrück

Das Grab liegt ca. 1 km südlich von Hekese und ca. 150 m östlich der Anlage Nr. 883. Die Anlage ist sehr gut erhalten. Es handelt sich hier um eine in Nordost-Südwest angelegte Steinkammer. Abgesehen von einem Tragstein sind alle Trag- und Decksteine erhalten. Der Eingang befindet sich an der Südost-Seite. Die Kammer hat eine Länge von 20 m und eine Breite zwischen 3 und 2,6 m. Die beiden Gräber 883 u. 884 sind in auffälliger Weise durch eine 53 m lange, nicht lückenlose Steinreihe verbunden. Welche Bedeutung diese Steinreihe für die beiden Anlagen hatte, läßt sich nicht sagen. Es handelt sich hierbei um eine einmalige Erscheinung in dem gesamten Verbreitungsgebiet der Megalithgräber in Nordwesteuropa. Eine Grabung könnte diesen Sachverhalt eventuell klären. (Sprockhoff 884; IfD 2).

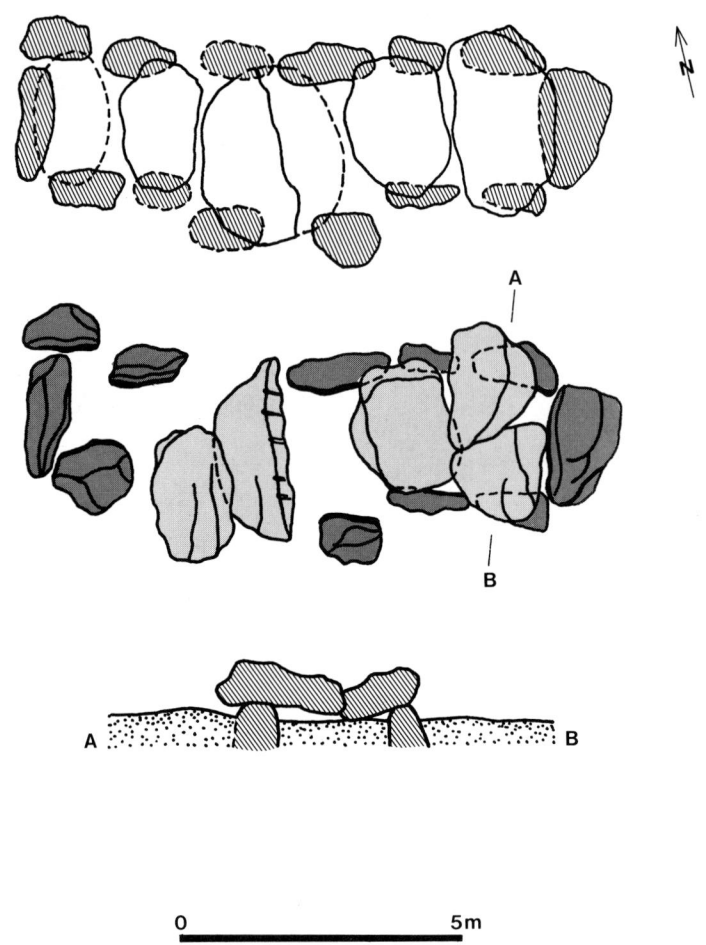

26

Bippen

Gemeinde Bippen, Landkreis Osnabrück

Die Anlage liegt ca. 2 km nordwestlich von Döthen und südlich der beiden Anlagen 883 u. 884. Es handelt sich hier ebenfalls um eine Steinkammer ohne Umwallungsanlage. Sie ist relativ gut erhalten. Von den ursprünglich 14 Tragsteinen fehlen 2 und von einem Deckstein die Hälfte. Die Anlage läßt sich leicht rekonstruieren. Der Eingang befindet sich auf der Südseite. Die Kammer ist Ost-West angelegt. Die lichte Weite der Kammer beträgt 9 zu 1,8 m bzw. 2 m. Reste von ehemaligen Hügeln sind gut sichtbar. (Sprockhoff 886; IfD 7).

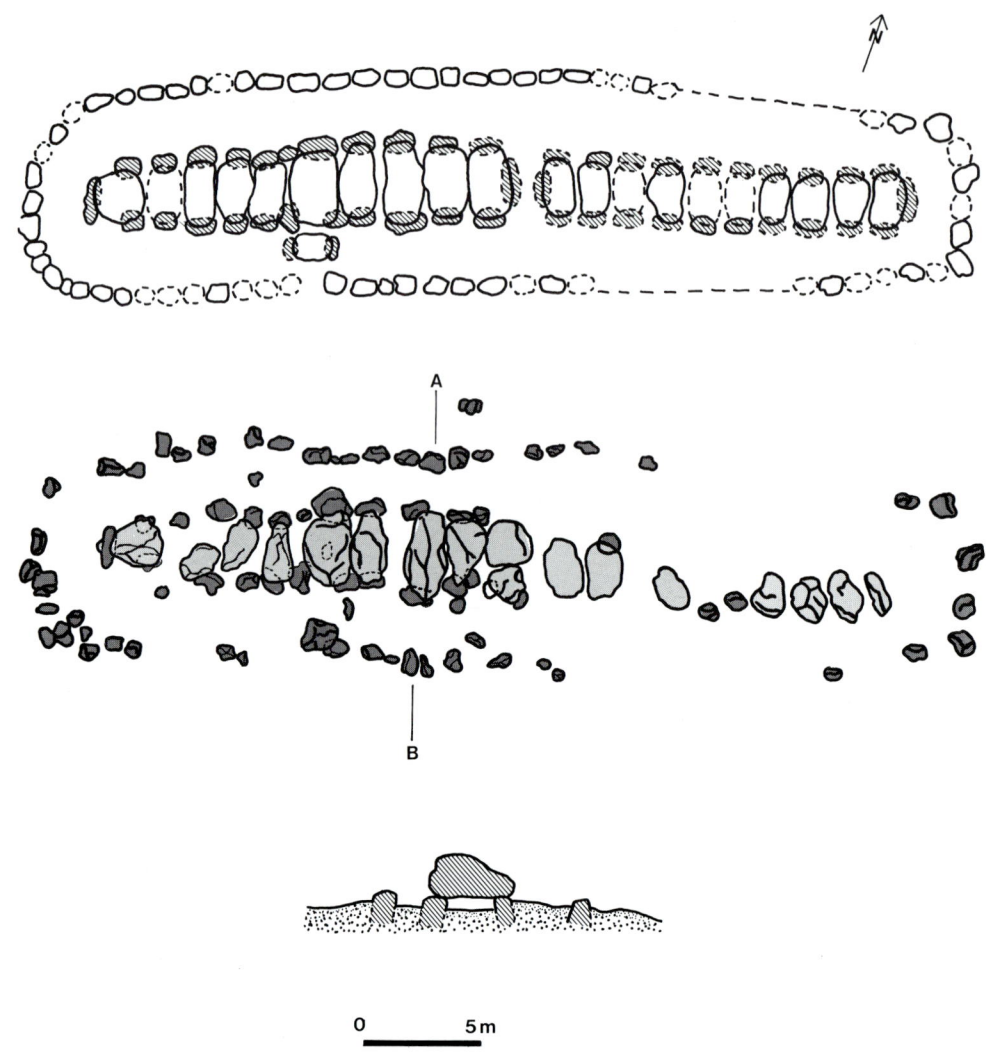

27

Westerholte - *„Grumfeld West"*

Gemeinde Ankum, Landkreis Osnabrück

Die Anlage liegt südlich von Westerholte im Grumfeld in den „Fürstenauer Bergen" nordwestlich von Osnabrück. Das Grab ist nicht komplett erhalten. Es ist Nordost-Südwest angelegt und besteht aus einer teilweise ovalen rechteckigen Einfassung. Diese Einfassung umgibt entweder eine lange Kammer von 30,5 m Länge und einer Breite vom 2,1 m oder 2 Kammern, die durch eine freie Zone in der Mitte getrennt sind. Im östlichen Bereich der Kammer befindet sich ein Gang, der sich nach Süden orientiert. Der westliche Teil der Kammer ist fast vollständig erhalten, der östliche Teil relativ schlecht erhalten. Die Tragsteine sind vermutlich noch im Erdhügel vollständig erhalten. Die Länge der Gesamtanlage beträgt 32,5 m und die Breite 3,8 m. (Sprockhoff 895, IfD 6).

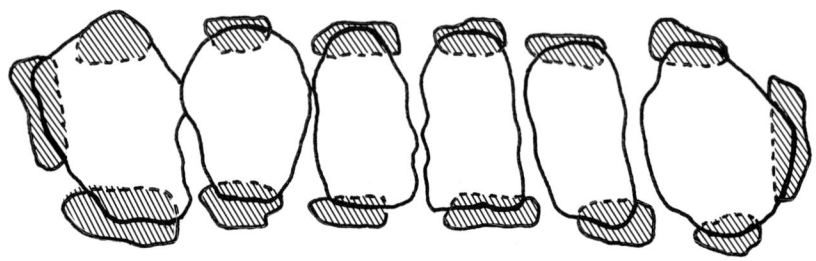

0   5m

28

Ueffeln

Stadt Bramsche, Landkreis Osnabrück

Das Grab liegt am Nordrand des Wiemelsberg nahe der Gemarkungsgrenze Ueffeln-Lintern. Die Anlage ist vollständig erhalten. Sie besteht nur aus einer Steinkammer und ist in Ost-West-Richtung angelegt. Die Kammer besteht aus 6 Tragsteinen auf jeder Seite und 6 Decksteinen. Das Grab hat eine Länge von 10,5 m und eine Breite von 3,3 m. Reste vom flachen Hügel sind erkennbar. Das Grab wurde vom Grafen Münster 1807 ausgegraben. Funde aus der Trichterbecherkultur (Keramik, Steingeräte) sind im Landesmuseum Hannover aufbewahrt. (Sprockhoff 897; IfD 1).

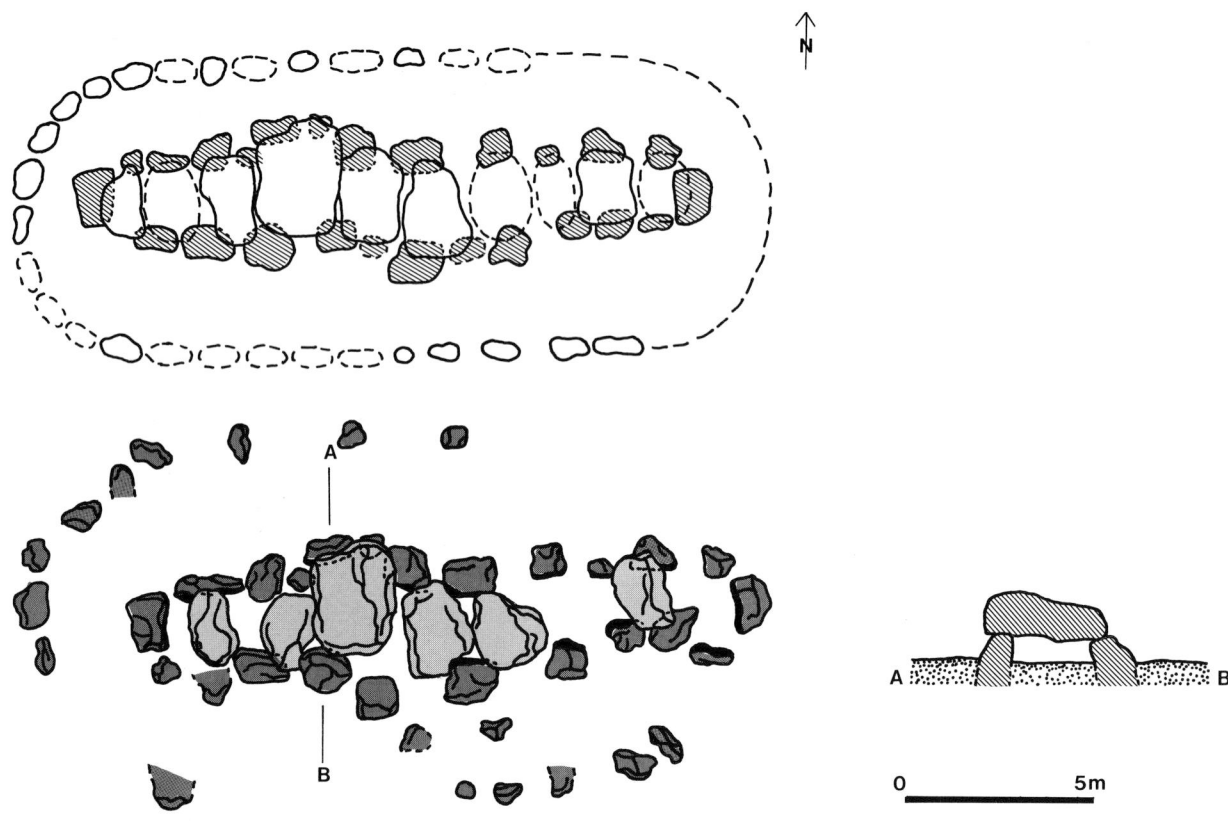

29

Venne

Gemeinde Ostercappeln, Landkreis Osnabrück

Das Grab liegt ca. 500 m nordöstlich der Bauerschaft Dreihausen östlich der Straße Borgwedde-Schwagstorf. Die Kammer ist relativ gut erhalten. Die Umwallungssteine sind nicht vollständig vorhanden. Die Anlage ist Ost-West orientiert. Sie besitzt eine ovale Einfassung. Die Tragsteine sind vollständig vorhanden. Von den Decksteinen fehlen 3 Stück. Der Eingang läßt sich nicht lokalisieren. Die Gesamtanlage hat eine Länge von 17,3 m und eine Breite von 4,4 m. Die Kammer hat eine Länge von 15,3 m und eine Breite von 4,4 m. (Sprockhoff 900; IfD 1).

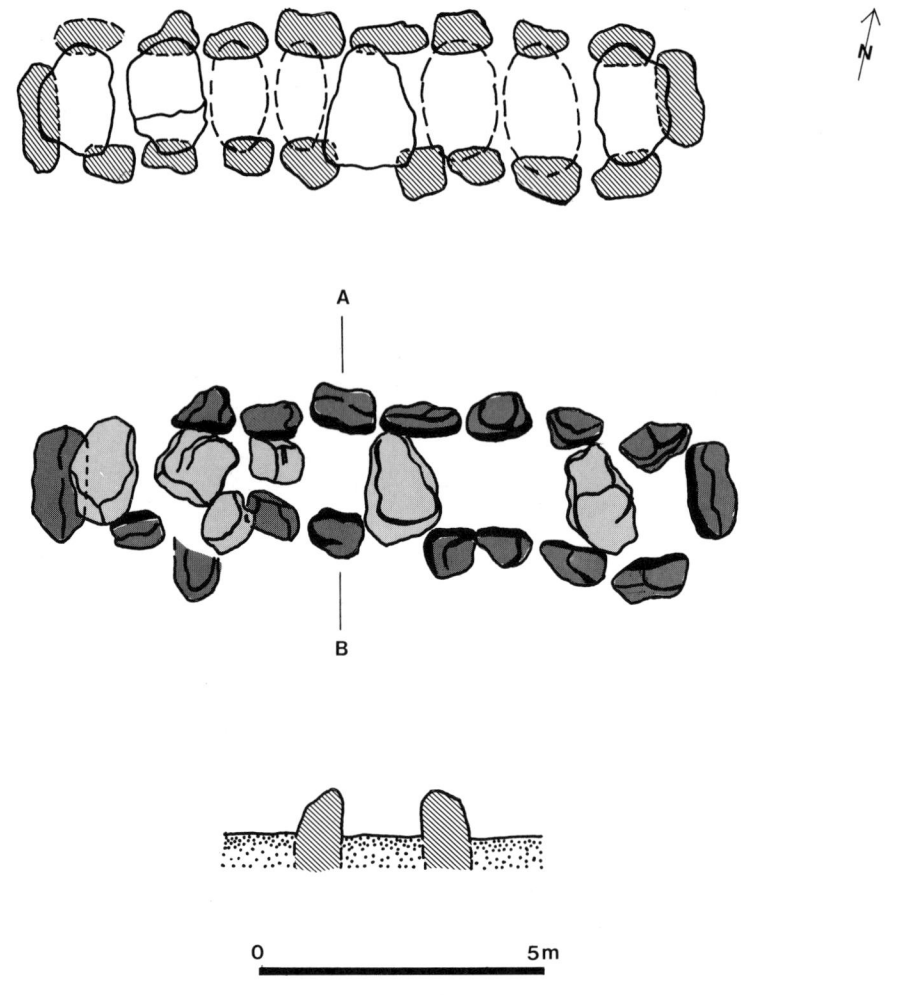

30

Venne

Gemeinde Ostercappeln, Landkreis Osnabrück

Das Grab liegt ca. 5 km nordwestlich der Bauerschaft Dreihausen unmittelbar westlich der Straße Borgwedde-Schwagstorf. Die Anlage ist Ost-West orientiert und besteht nur aus einer Kammer. Abgesehen von einem Stein sind alle Tragsteine vorhanden. Von den ehemals 8 Decksteinen fehlen 4 Stück. Der Eingang liegt vermutlich in der Mitte der Südseite. Das Grab hat eine Länge von 10,5 m und eine Breite von 1,5 m. (Sprockhoff 902; IfD 3).

31

Osnabrück - „*Karlstein-Schluppstein*"

Stadt Osnabrück

Diese Anlage gehört zu den bekanntesten Großsteingräbern in Nordwestdeutschland. Sie besteht aus Platten von Piesberger Sandstein und ist Ost-West angelegt. Die Anlage hat nur eine Kammer ohne Umwallungssteine. Alle Trag- und Decksteine sind vorhanden. Die Steine liegen nicht an Originalstellen. In der Umgebung der Anlage liegen kleinere Steine, die wahrscheinlich aus dem Zwickelmauerwerk abgefallen sind. Der Grundriß der Kammer weist eine schwach trapezförmige Form auf. Die Länge beträgt 8,5 m und die Breite 3 m im Osten und 2,3 m im Westen. Das Grab wurde von dem Maler Hans-Peter Feddersen (1848-1941) gemalt. (Sprockhoff 909; IfD 12).

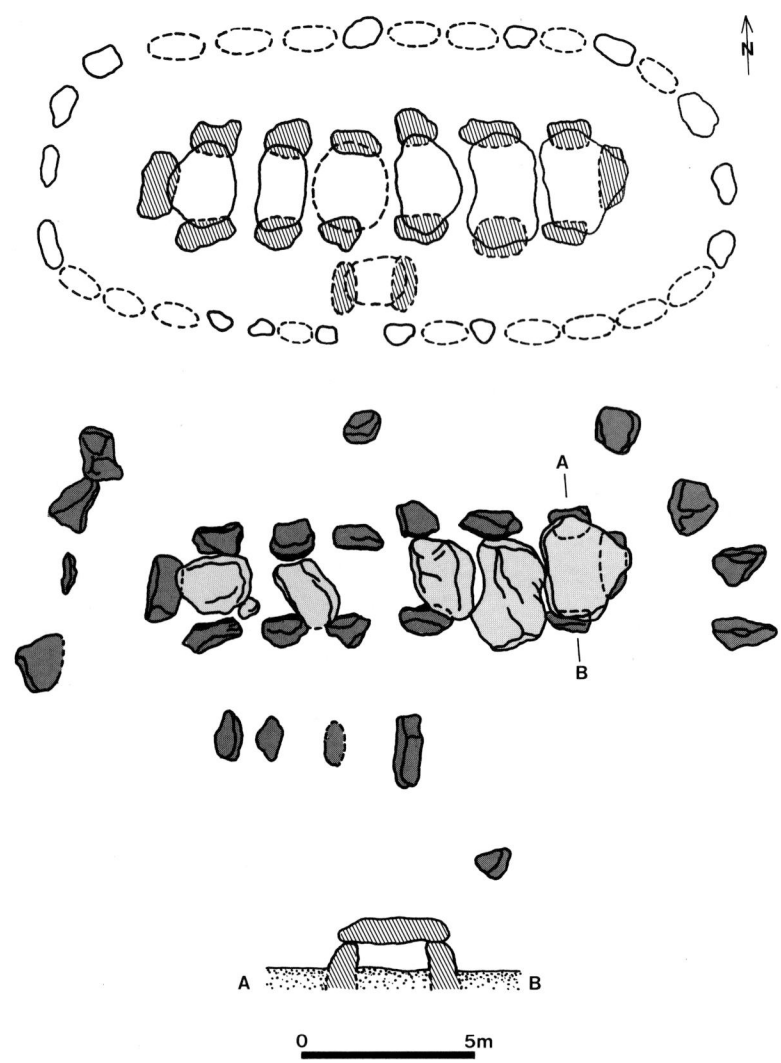

32

Osnabrück - „*Düvelsteine, Teufelsbett, Lehzensteine*"

Stadt Osnabrück

Die Anlage liegt in Lüstringen, nahe beim Bahnhof, östlich von Osnabrück. Das Grab besteht aus einer ovalen Einfassung und einer relativ kurzen Kammer und ist Nord-Süd orientiert. Der Eingang befindet sich in der Mitte der Südseite. Von den ehemals 14 Tragsteinen fehlt einer und von den 6 Decksteinen ebenfalls einer. Die Länge der Anlage beträgt 14,7 und die Breite 4,1 m. Die Kammer hat eine Länge von 12,9 und eine Breite von 12,5 m. (Sprockhoff 914; IfD 3).

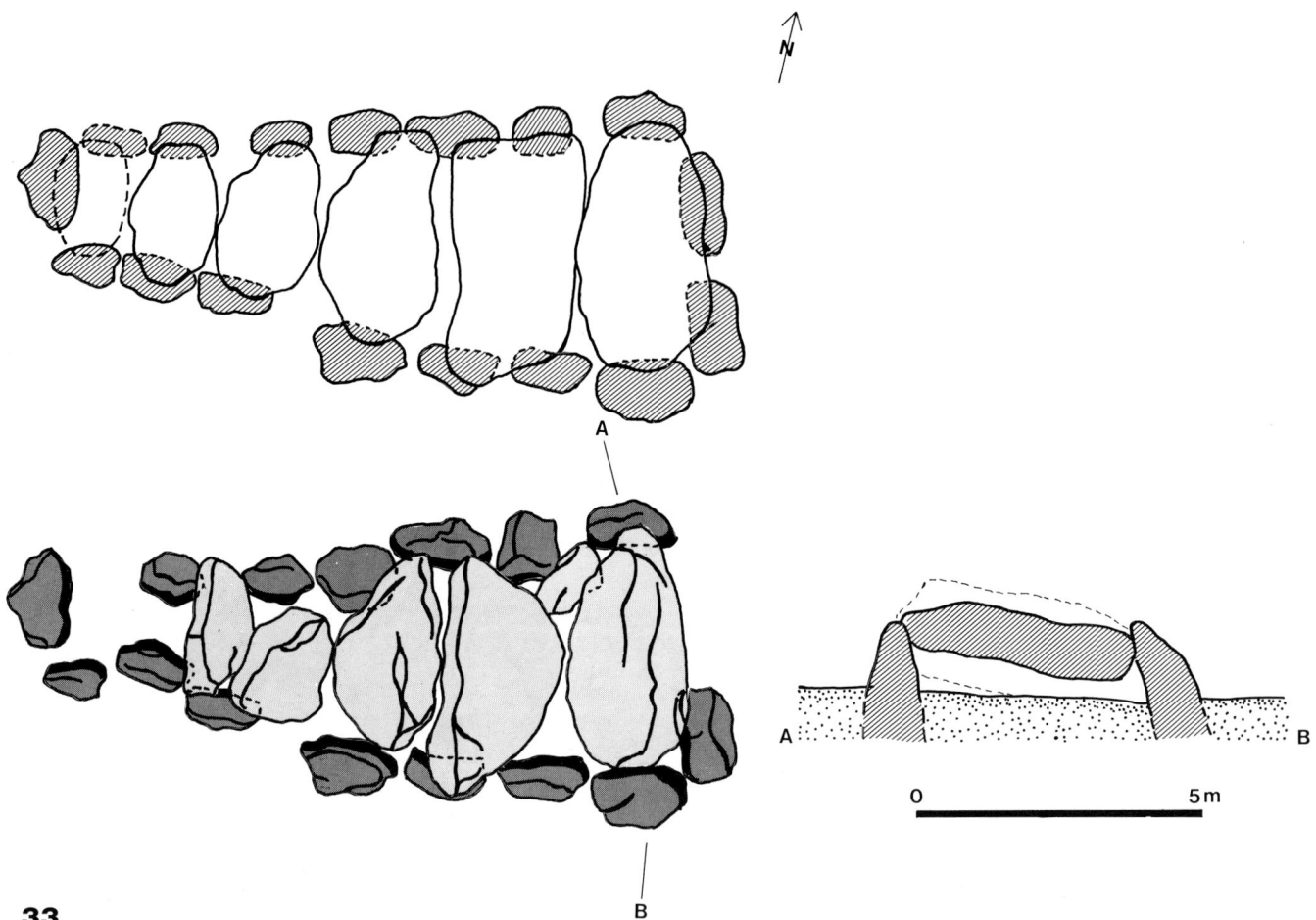

33

Haltern - „*Sloppsteine*"

Gemeinde Belm, Landkreis Osnabrück

Das Grab liegt im Wald südlich von Dübberort. Die Sloppsteine gehören zu den guterhaltenen Groß-steingräbern im Osnabrücker Land. Das Grab ist Ost-West ausgerichtet. Eine Besonderheit des Gra-bes ist der trapezförmige Grundriß. Das Grab besteht aus 6 Tragsteinen auf der Nordseite und 7 auf der Südseite. Die meisten Steine sind nach innen verschoben. Die westliche Schmalseite besteht aus 1 Stein, die östliche aus 2 Tragsteinen. Einer davon liegt nicht mehr am Originalplatz. Von den ur-sprünglich vorhandenen 6 Decksteinen sind 5 vorhanden, die aber alle in die Kammer gestürzt sind. Die Mächtigkeit der Decksteine nimmt nach Osten hin zu. Der Eingang wird auf der südlichen Längsseite zwischen Stein 3 und 4 vermutet. Die Kammer hat eine Länge von 10,5 m und eine Breite zwischen 1,6 m im Westen und 3,8 m im Osten. Von dem ursprünglich vorhandenen Hügel sind keine Spuren erkennbar. (Sprockhoff 917; IfD 11).

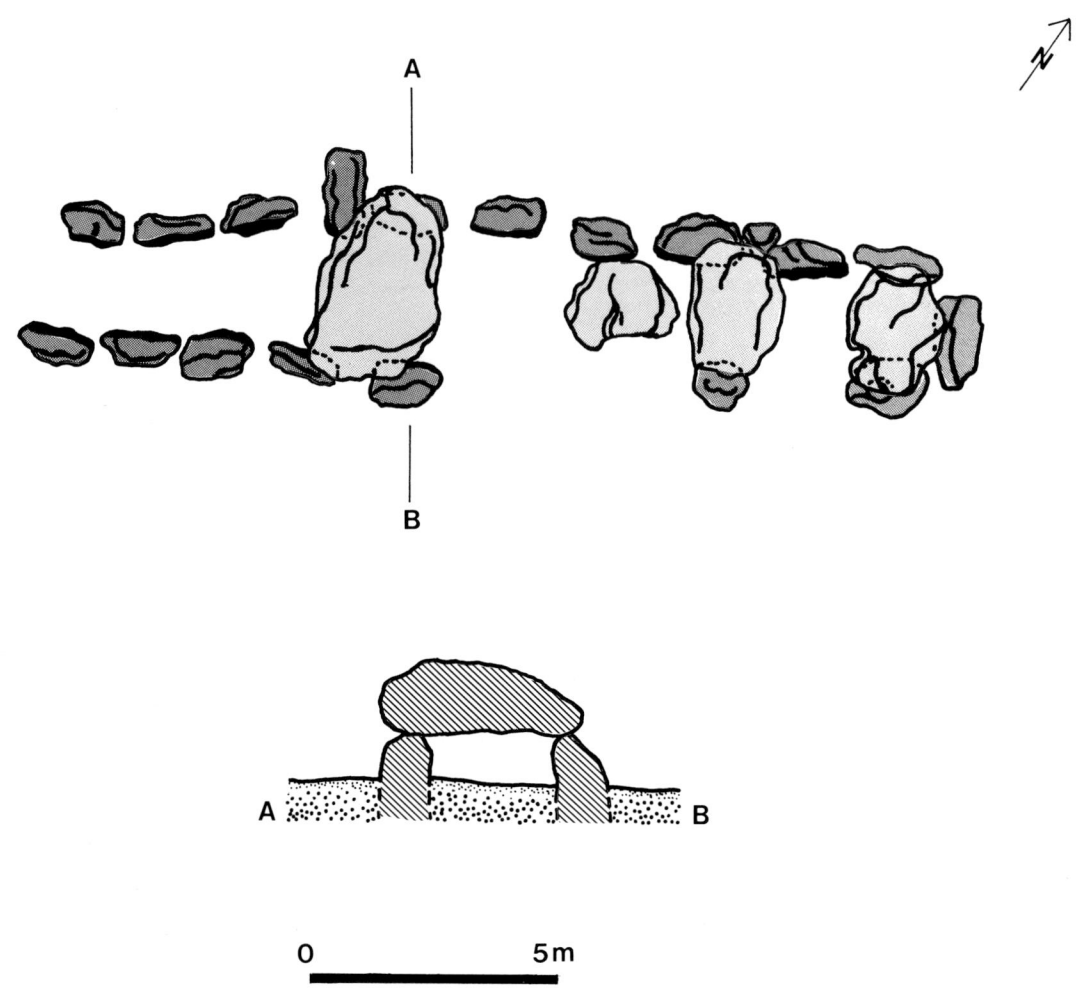

0 — 5m

34

Gretesch - „*Sundermannssteine*"

Stadt Osnabrück

Das Grab liegt westlich des Sundermannshofs, südlich von Belm, am rechten Ufer des Belmer Bachs und nordöstlich der Stadt Osnabrück. Das Grab ist unter der volkstümlichen Bezeichnung „Sundermannsteine" bekannt. Die Anlage ist nicht vollständig erhalten. Sie besteht aus einer in Richtung Nordost-Südwest angelegten Steinkammer. Einige der Tragsteine im südlichen Bereich fehlen, die Steine an der nördlichen Längsseite hingegen sind vollständig erhalten, der westliche Abschlußstein fehlt jedoch. Von den ursprünglich 8 Decksteinen sind noch 4 vorhanden. Die Kammer ist 2 m breit, sie erweitert sich in der Mitte bis auf 2,6 m. Die Länge liegt bei 23 m. Der Eingang befindet sich ungefähr in der Mitte der südöstlichen Längsseite. Ob die Anlage Umwallungssteine besessen hat, läßt sich heute nicht mehr nachweisen. Graf Münster hat in der Anlage 6 Feuersteinpfeilspitzen, 1 Geröllkeule, 1 Bernsteinscheibe und 1 durchbohrtes Bronzeblech gefunden. (Sprockhoff 921, IfD 1).

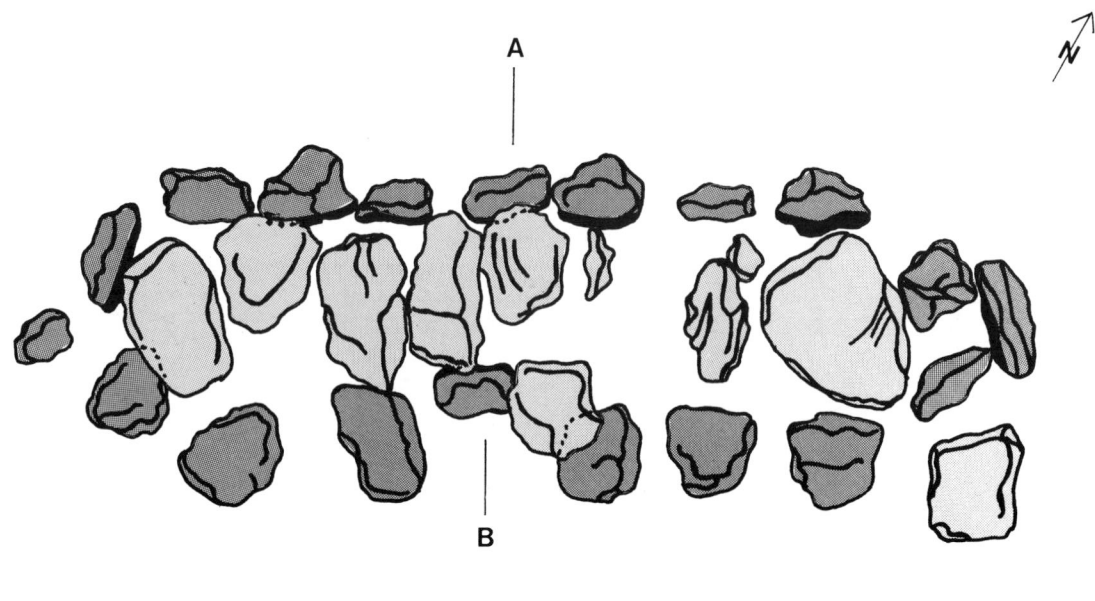

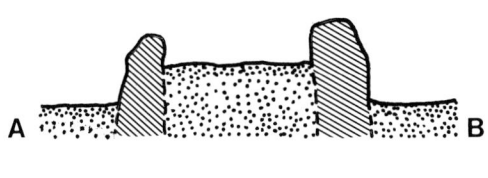

35

Jeggen

Gemeinde Bissendorf, Landkreis Osnabrück

Das Grab liegt ca. 300 m südlich von Jeggen, östlich von der Straße Niederfeldweg. Das Grab hat eine guterhaltene Grabkammer, die in Nordost-Südwest-Richtung angelegt ist. Die Tragsteine sind fast vollständig erhalten, liegen aber nicht alle am Originalplatz. Ebenso die Decksteine. Einige davon sind nur als Bruchstücke erhalten. Die Breite der Kammer liegt bei 3 m, die Länge beträgt 17 m. Reste von Umfassungssteinen lassen sich nicht nachweisen. Auch Hügelreste konnten nicht erkannt werden. (Sprockhoff 922; IfD 1).

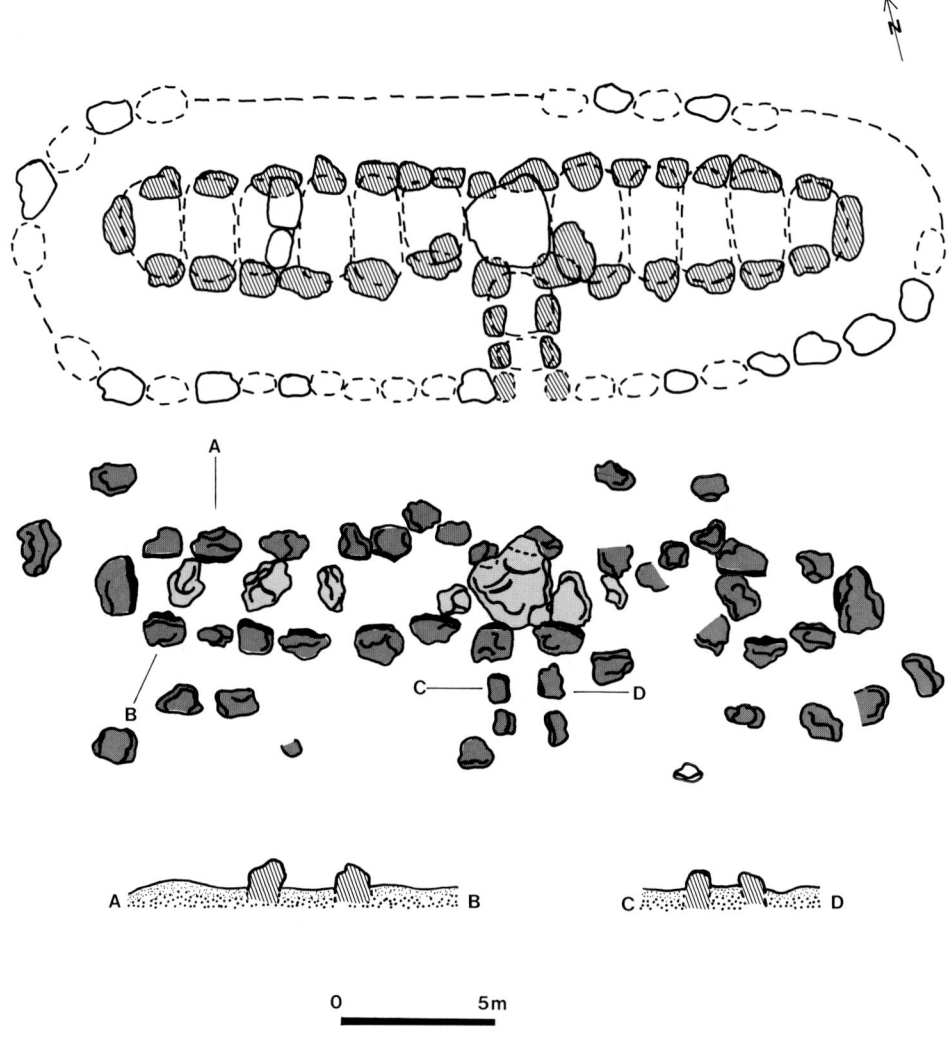

36

Ganderkesee

Gemeinde Ganderkesee, Landkreis Oldenburg

Das Grab liegt westlich des Ortes und östlich der Bergedorfer Landstraße. Die lange Steinkammer liegt vermutlich in einer ovalen Einfassung und ist Ost-West orientiert. Von den ursprünglich 30 Tragsteinen sind alle erhalten, von den 12 Decksteinen fehlen 10. Der Eingang befindet sich auf der Südseite und hat eine Länge von 3 m und eine Breite von 1 m. Die Kammerbreite schwankt zwischen 1,7 und 2,2 m. Die Länge beträgt 22,5 m. Die vermutliche Länge der Gesamtanlage beträgt ca. 28 m und die Breite ca. 7 m. (Sprockhoff 928; IfD 5).

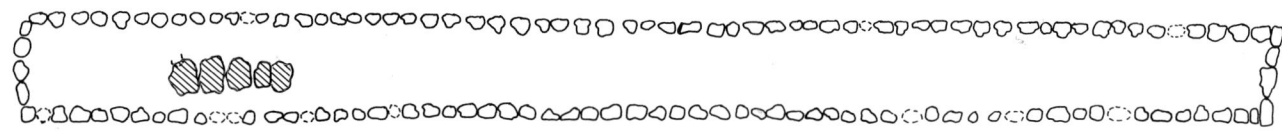

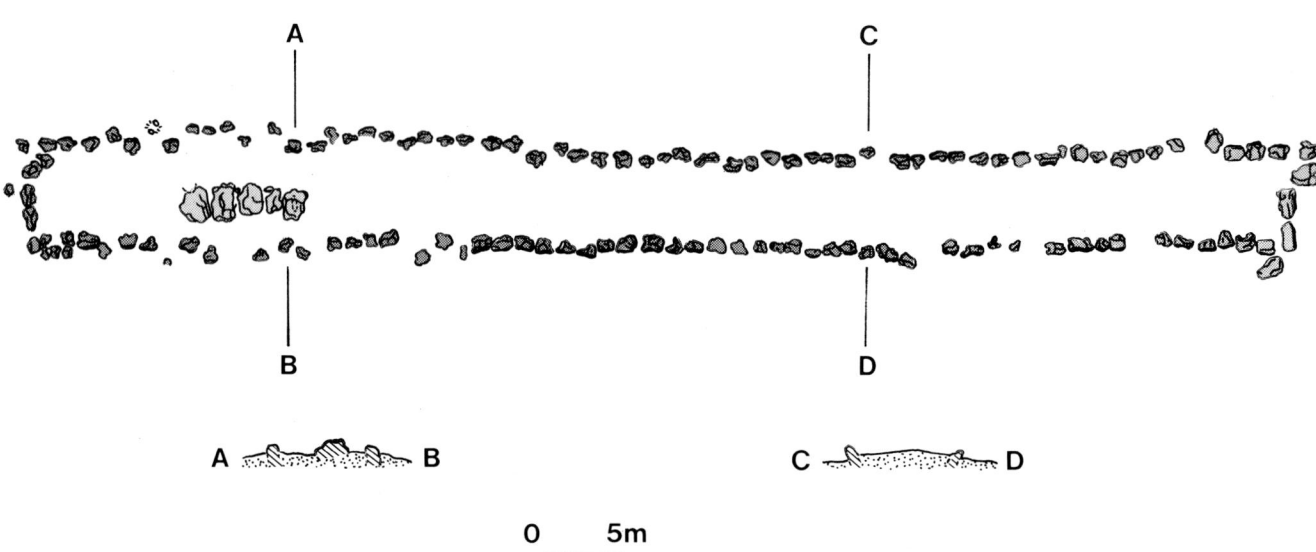

A ～～～ B   C ～～～ D

0   5m

37

Großenkneten - *„Visbeker Bräutigam"*

Gemeinde Großenkneten, Landkreis Oldenburg

Das Grab liegt südöstlich von Ahlhorn, nordwestlich von Visbek und südwestlich von Wildeshausen bei Engelmannsbäke. Das Grab ist unter der Bezeichnung „Visbeker Bräutigam Nr. 3" bekannt. Unweit vom Grab „Brautwagen" befindet sich der Bräutigam. Das ursprünglich von 170 Findlingsblöcken eingefaßte Hünengrab stellt mit seiner Länge von 104 m und seiner Breite von 8 bis 9 m eine der eindrucksvollsten Megalithgrabanlagen in Nordwestdeutschland dar. Die Anlage ist in Nordwestrichtung ausgerichtet. An der östlichen Schmalseite sind in einer außergewöhnlichen Größe aufrecht gestellte Steinblöcke verwendet worden. Die im westlichen Bereich der rechteckigen Steineinfassung liegende Grabkammer überrascht dagegen durch ihre kleinen Abmessungen, die Länge beträgt nur 10 m. Zu sehen sind noch 4 Deck- und 2 Tragsteine an der nördlichen Längsseite. Die Steine befinden sich entweder unter dem Hügel oder sind nicht mehr vorhanden. (Sprockhoff 936; IfD 8).

Ca. 200 m vom Visbeker Bräutigam liegt eine besondere Anlage (934). Sie besteht aus einer ovalen Einfassung. Die Rekonstruktion der vorhandenen Steine hat ergeben, daß der westliche Teil in einer Flucht mit dem östlichen Teil liegt, möglicherweise handelt es sich hier um eine Kammerverlängerung. Die Anlage ist Nordwest-Südost orientiert, Reste vom Hügel sind sichtbar.

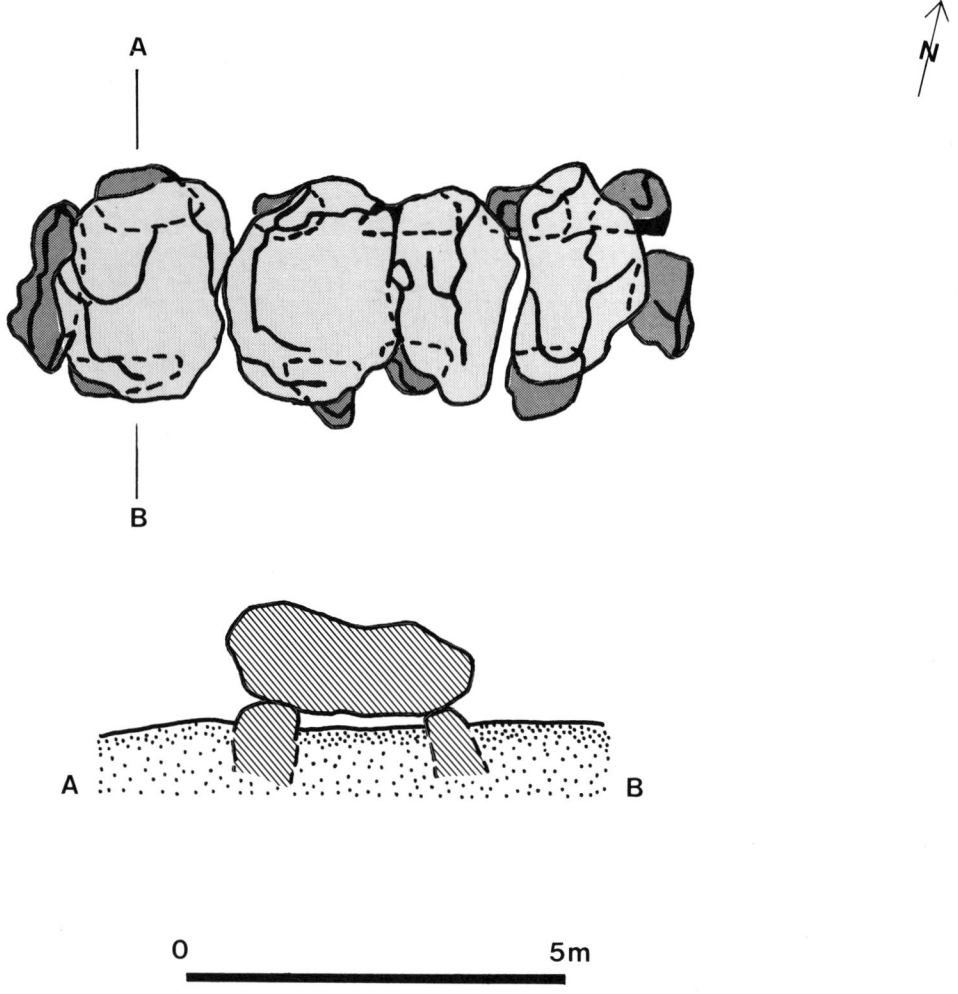

38

Großenkneten - *„Visbeker Brautwagen"*

Gemeinde Großenkneten, Landkreis Oldenburg

Ca. 50 m südöstlich vom östlichen Ende des Großsteingrabes Visbeker Bräutigam liegt die Anlage des Visbeker Brautwagens. Die Anlage gehört zu dem Komplex Visbeker Braut und Bräutigam (s. Einführung). Die Grabanlage ist in Nordost-Südwest-Richtung ausgerichtet. Die Kammer ist mit ihren 4 Tragsteinen an der Südost- und 5 an der Nordwestseite sowie 4 Decksteinen vollständig erhalten. Sie hat eine Länge von 9 m und eine Breite von 3 m. Reste eines ehemaligen Hügels sind noch zu sehen. (Sprockhoff 938, IfD 7).

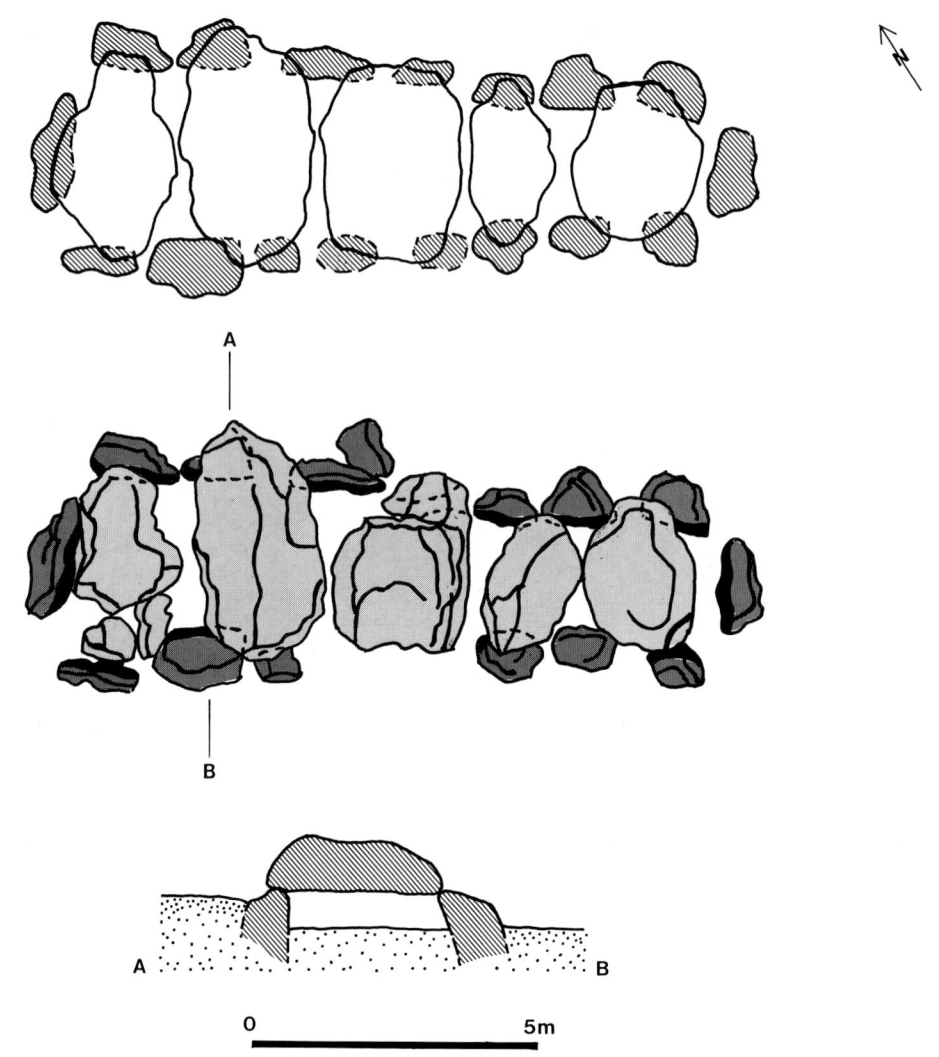

39

Großenkneten - Grabgruppe „*Kellersteine*"

Gemeinde Großenkneten, Landkreis Oldenburg

In der nordöstlichen Nachbarschaft des Bräutigams befindet sich die Grabgruppe „Kellersteine". Die Nordwest-Südost ausgerichtete Grabkammer besitzt eine trapezförmige Kammer mit einer inneren Raumfläche von 11,3 zu 2,3 m. Die Decksteine sind ebenso wie 7 Tragsteine an der nordöstlichen Längsseite und 6 Tragsteine an der südwestlichen Längsseite erhalten. Von den ursprünglichen Umwallungssteinen oder einem Hügel ist nichts bekannt. (Sprockhoff 939; IfD 3).

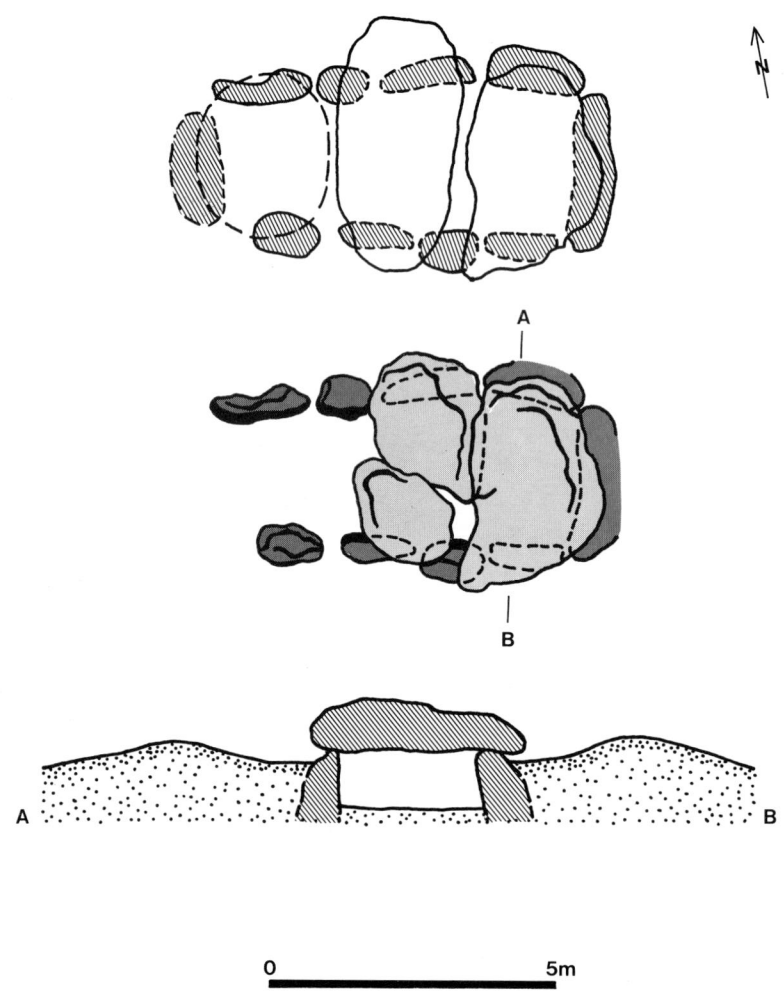

40

Großenkneten - Grabgruppe „Kellersteine"

Gemeinde Großenkneten, Landkreis Oldenburg

Die Anlage liegt innerhalb der Grabgruppe „Kellersteine" südöstlich von Ahlhorn, nordwestlich von Visbek und südwestlich von Wildeshausen bei Engelmannsbäke. Die Ost-West orientierte Grabanlage ist in einem Hügel von 14 m Durchmesser angelegt. Die beiden Längsseiten der Kammer besitzen 4 Tragsteine. Von den ehemals 3 Decksteinen ist noch einer vorhanden. Die ebenfalls trapezförmige Kammer hat eine Länge von 6 m und eine abnehmende Breite von 2,5 auf 2 m. (Sprockhoff 940; IfD 4).

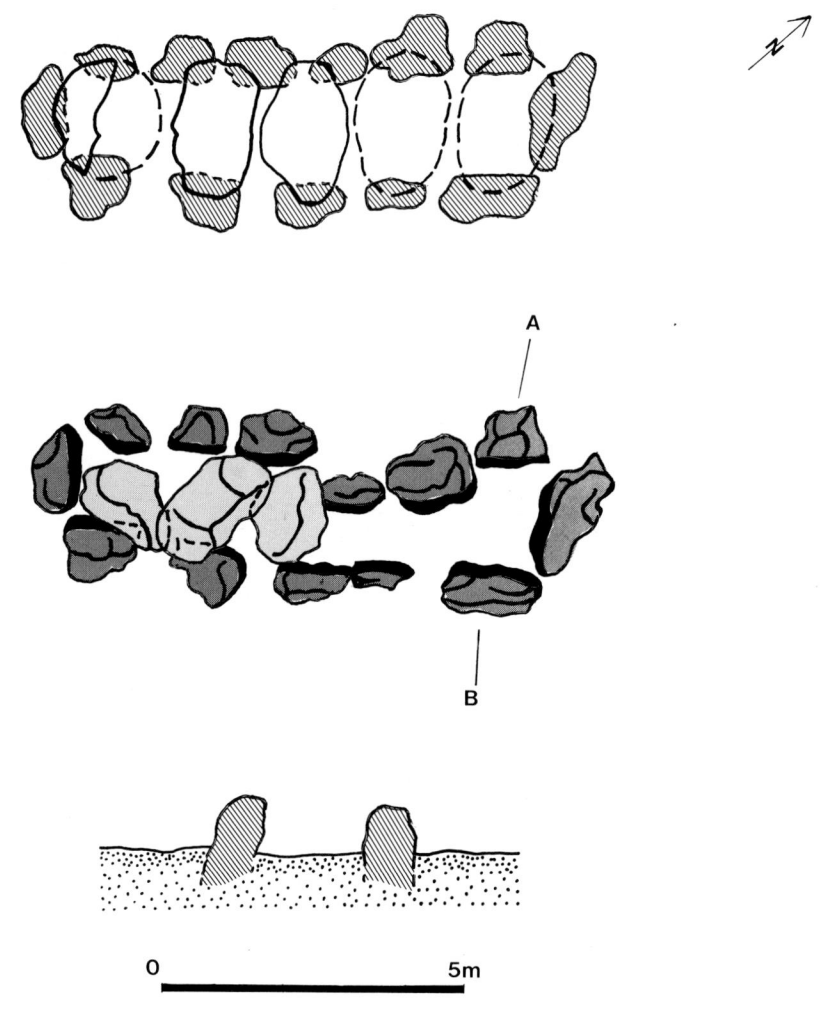

41

Großenkneten - Grabgruppe „*Kellersteine*"

Gemeinde Großenkneten, Landkreis Oldenburg

Dicht nebeneinander liegen zwei weitere Gräber, die ebenfalls als Kellersteine bezeichnet werden. Das Grab 941 ist in Nordost-Südwest-Richtung ausgerichtet. Sämtliche Tragsteine sind noch vorhanden, aber nicht am Originalplatz. Von den ehemaligen 5 Decksteinen fehlen 2. Die lichte Weite der Kammer beträgt 7,5 m, die Breite 1,5 m. Reste vom Hügel lassen sich nicht nachweisen. Grab 942 liegt ca. 10 m vom Grab 941 entfernt. Es ist ebenfalls in Nordost-Südwest-Richtung angelegt. Von ehemals 10 Tragsteinen fehlt - wie bei den Decksteinen - einer. Die Kammer hat eine Länge von 5,4 m und eine Breite von 1,5 m. (Sprockhoff 941 und 942; IfD 2 und 1).

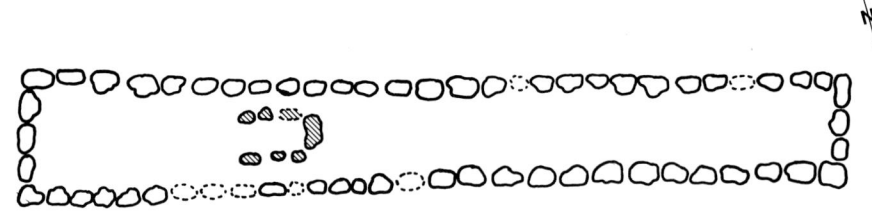

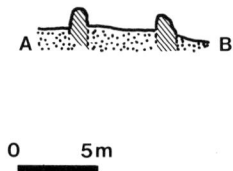

0   5m

42

Wildeshausen - „*Glaner Braut I*"

Stadt Wildeshausen, Landkreis Oldenburg

Die Anlage liegt nordwestlich von Wildeshausen in der Glaner Heide. Sie wird in der Literatur als „Glaner Braut I" bezeichnet. Die Kammer befindet sich im westlichen Teil der rechteckigen Umfassungsanlage. Im Kammerbereich sind starke Zerstörungen zu verzeichnen. Einige Steine der Umfassung wurden an Ort und Stelle gesprengt. Die Breite der Gesamtanlage beträgt 8 m im Westen und 6 m im Osten. Teile der Kammersteine liegen noch in der Erde. Insgesamt sind 6 Tragsteine sichtbar. Die Kammerbreite läßt sich auf 2 m schätzen, die Länge kann nicht ermittelt werden. (Sprockhoff 948; IfD 631).

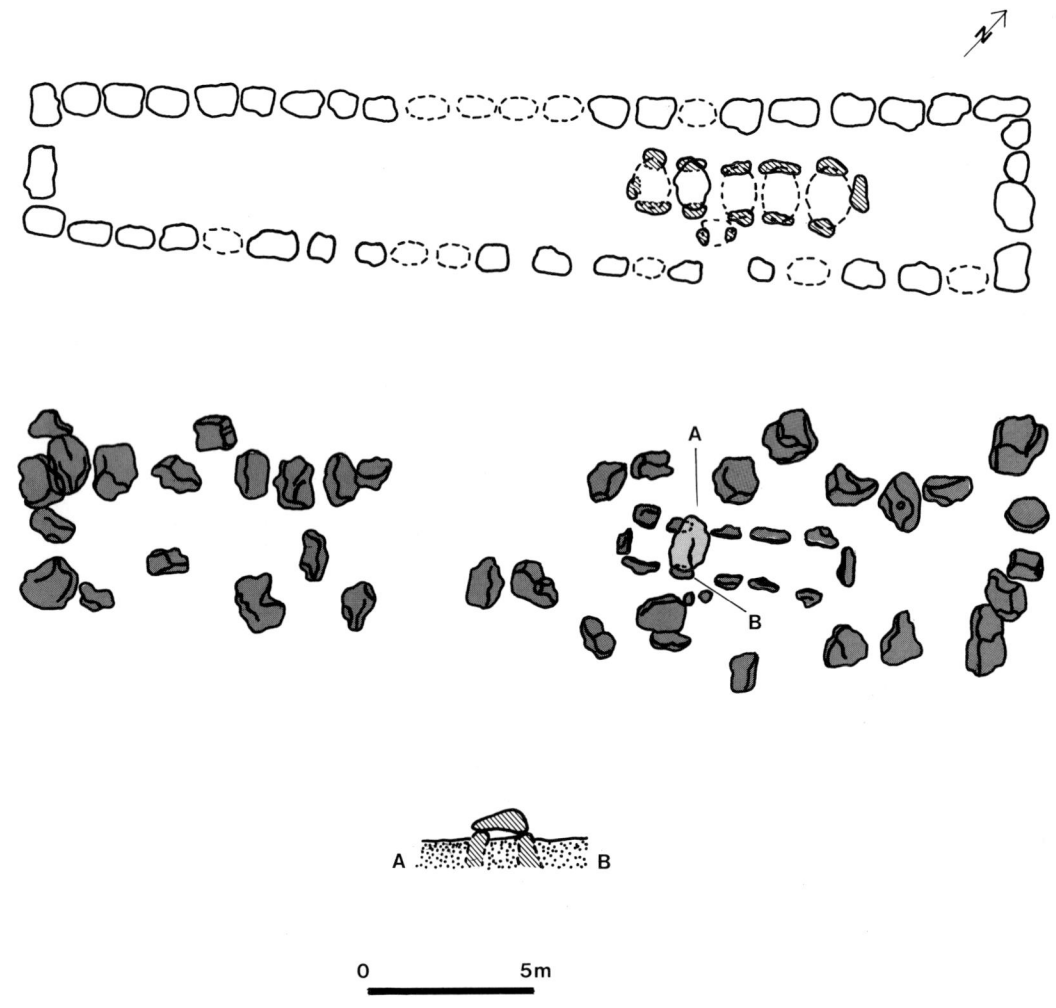

43

Wildeshausen - „*Glaner Braut II*"

Stadt Wildeshausen, Landkreis Oldenburg

Die Anlage wird als „Glaner Braut II" bezeichnet. Sie ist in Nord-Süd-Richtung angelegt. Es handelt sich hier vermutlich um eine annähernd trapezförmige Einfassung mit einer Steinkammer im östlichen Teil. Die meisten Umwallungssteine sind vorhanden, liegen aber verstreut. Die Länge der Anlage beträgt ca. 30 m, die Breite im Süden 5 und im Norden 6 m. Die Kammer ist noch im Boden versenkt. Alle Tragsteine sind vorhanden. Von den 5 Decksteinen fehlen 4. Der Eingang befindet sich vermutlich an der Ostseite. 2 der Gangsteine sind noch erhalten. Die Kammerlänge beträgt 6 und die Breite ca. 1,5 m. (Sprockhoff 949; IfD 632).

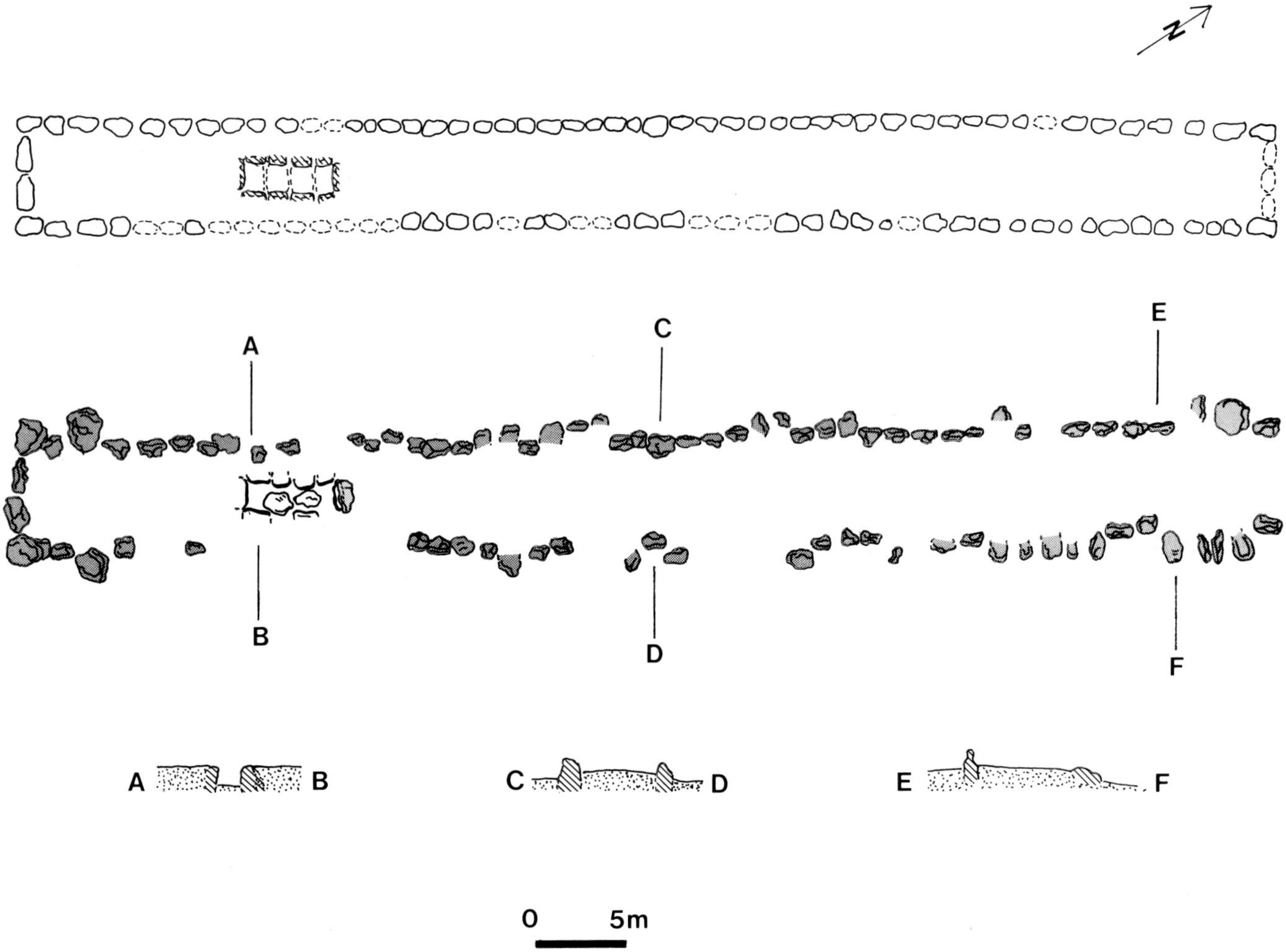

A　　　　　　　　C　　　　　　　　　　　E

B　　　　　　　　D　　　　　　　　　　　F

A B　　　　　　C D　　　　　E F

0　　5m

44

Wildeshausen - „*Visbeker Braut*"

Stadt Wildeshausen, Landkreis Oldenburg

Die Anlage liegt südlich von Ahlhorn und südwestlich des Autobahnkreuzes an der Bundesstraße zwischen Ahlhorn und Wildeshausen im Wald „Steinhorst", etwa 1 km von der Straße Ahlhorn-Wildeshausen entfernt. Das Grab hat eine schmale, viereckige Umfassungsanlage von 80 m Länge und 7 m Breite und wird von 71 Steinblöcken eingefaßt. Dem Wächterstein im Südosten stehen an der gegenüberliegenden Schmalseite 4 kugelförmige 3 m hohe Abschlußsteine gegenüber. Innerhalb der Steinfassung liegt die Grabkammer mit einer lichten Weite von 5,5 x 1,5 m; sie ist Süd-West orientiert. Während einige Decksteine nicht mehr erhalten sind, sind noch 11 Tragsteine vorhanden. Die Anlage ist Nordost-Südwest angelegt. (Sprockhoff 952, IfD 602).

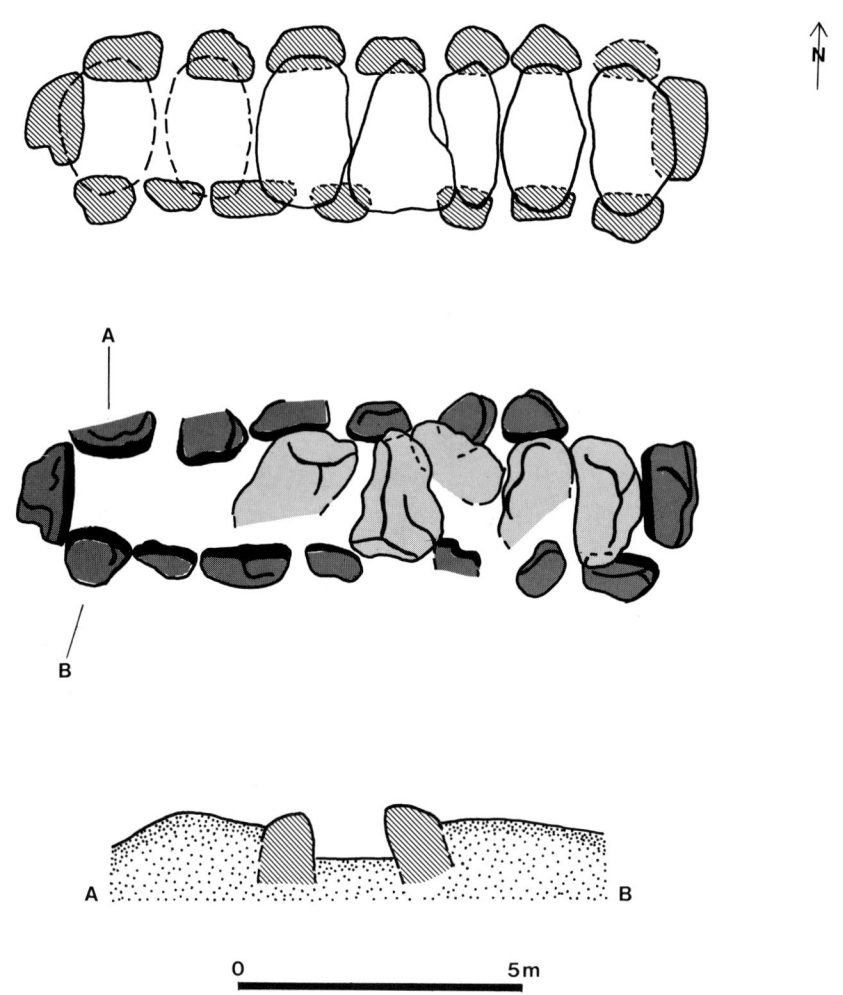

45

Holzhausen - Grabgruppe „*Kellersteine*"

Stadt Wildeshausen, Landkreis Oldenburg

Das Grab liegt ca. 1,5 km nordwestlich von Holzhausen. Die Anlage ist unter der Bezeichnung „Kellersteine" bekannt. Sie ist Ost-West orientiert und besteht nur aus einer Kammer ohne Einfassungssteine. Von den ehemaligen Tragsteinen fehlt, wie von den 7 Decksteinen, einer. Der Eingang ist vermutlich in der Mitte der Südseite; die Länge der Kammer beträgt ca. 10 m, die Breite variiert zwischen 1,5 m im Westen und 2 m im Osten. Reste des ehemaligen Hügels sind erkennbar. (Sprockhoff 954; IfD 604).

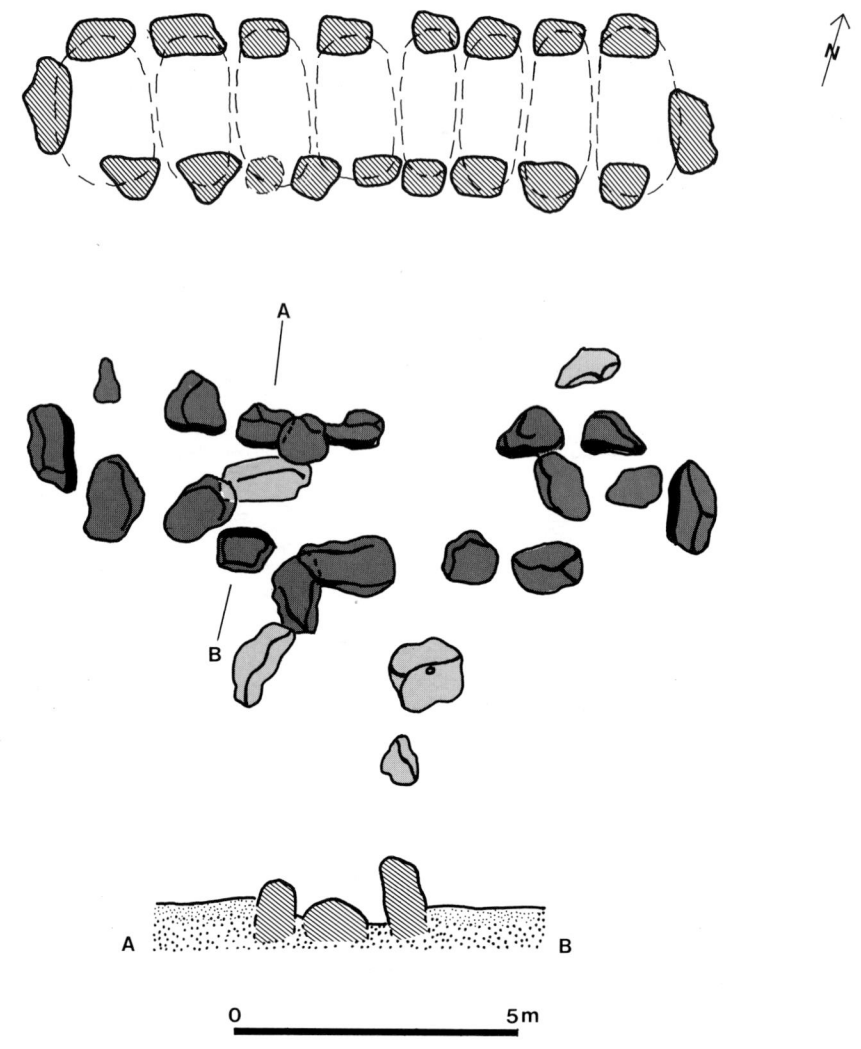

46

Wildeshausen - Grabgruppe „*Kellersteine*"

Stadt Wildeshausen, Landkreis Oldenburg

Das Grab liegt ca. 1,4 km nordwestlich von Holzhausen. Die Anlage wird ebenfalls als „Kellersteine" bezeichnet. Sie ist Ost-West angelegt und zeigt starke Störungen. Die Tragsteine liegen zum Teil in Originallage, einige fehlen, von den Decksteinen ist keiner mehr vorhanden. Die Länge der Kammer beträgt ca. 10,5 m, die Breite liegt bei 1,4 m. Im Gelände sind noch Spuren des ehemaligen Hügels zu erkennen. (Sprockhoff 955; IfD 605).

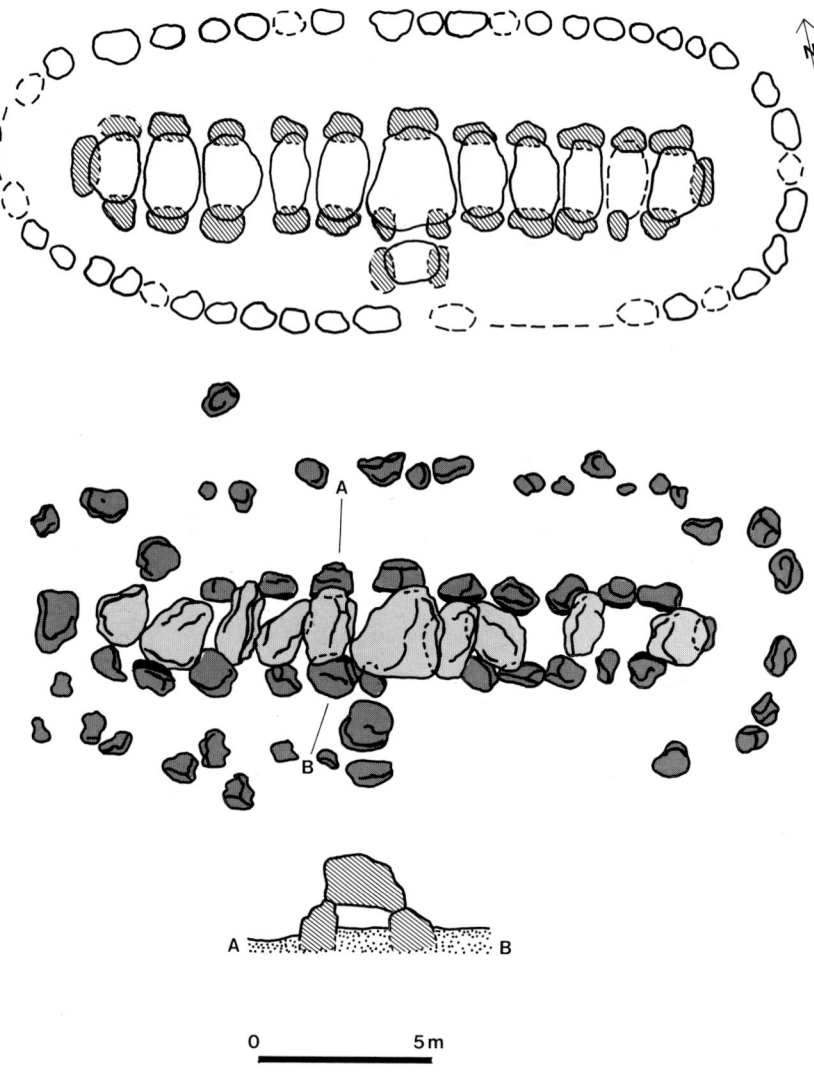

0   5m

47

Wildeshausen - *„Hohe Steine"*

Stadt Wildeshausen, Landkreis Oldenburg

Die Anlage liegt ca. 4 km westlich von Wildeshausen, südlich der Bundesstraße 213 Cloppenburg-Delmenhorst. Die Anlage wird als „Hohe Steine" bezeichnet. Das Grab ist in Ost-West-Richtung angelegt und sehr gut erhalten. Die Grabkammer liegt in ovaler Einfassung. Die Steine der Einfassung liegen zum Teil noch in ursprünglicher Lage. Von den 25 Tragsteinen wie von den 11 Decksteinen fehlt nur je einer. In der Mitte der südlichen Längsseite befindet sich der Eingang. Die Länge der Kammer beträgt 17 m, die Breite variiert zwischen 2 m in der Mitte und 1,4 m an den Enden. (Sprockhoff 956; IfD 830).

126

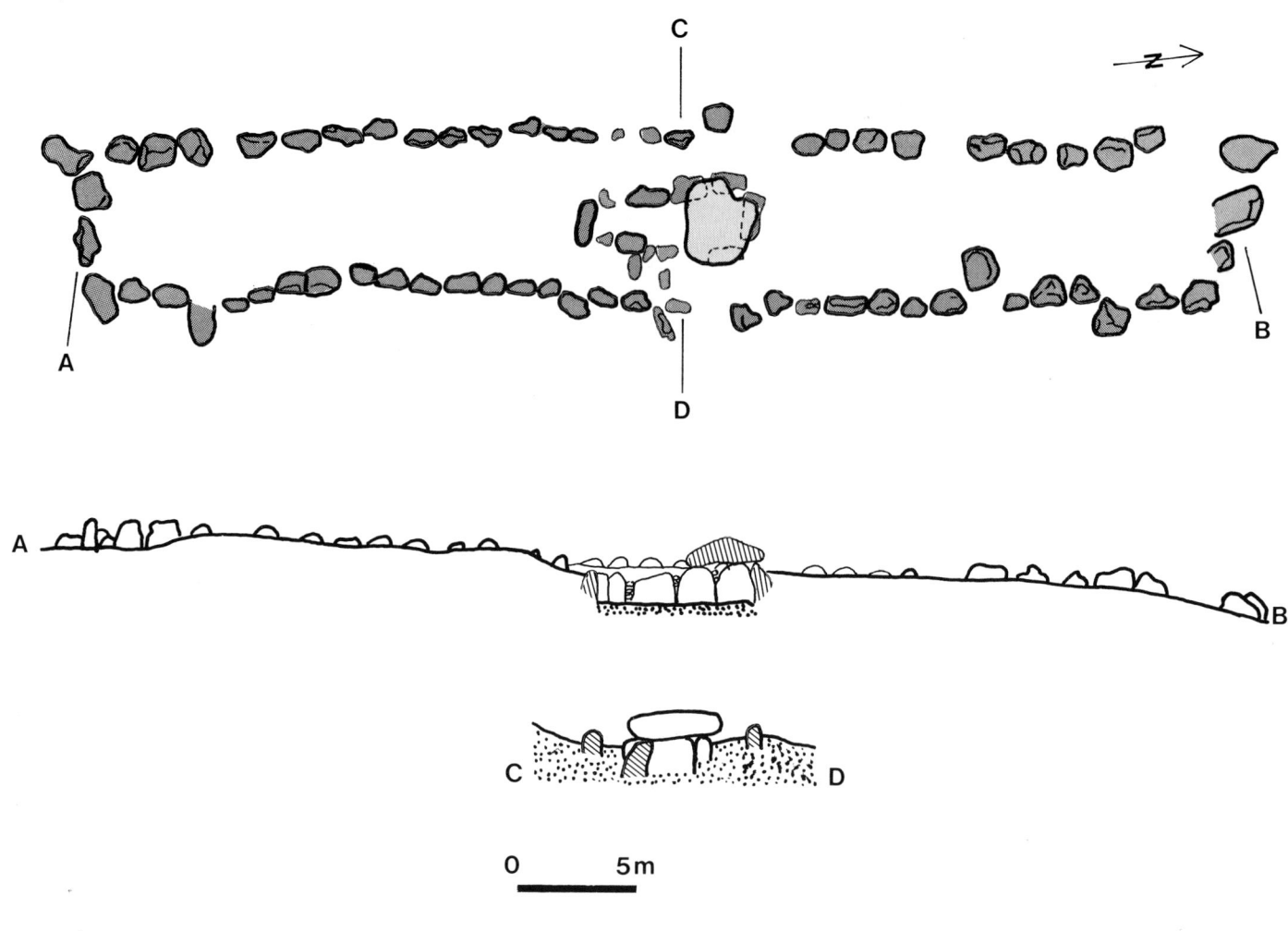

48

Kleinenkneten I - „*Große Steine I*"

Stadt Wildeshausen, Landkreis Oldenburg

Das Grab liegt südlich von Wildeshausen bzw. nördlich von Kleinenkneten. Die Grabanlage hat eine Ausdehnung von 49 auf 7 m, ist Nord-Süd orientiert, ebenso die in der Mitte gelegene Grabkammer. Die meisten der fast vollständig vorhandenen Umfassungssteine („Hünenbett") stehen an ihren Originalplätzen. Die Grabkammer war bis zur Höhe der Tragsteine von einem Grabhügel bedeckt. Der Eingang befindet sich in der Mitte der Ostseite und ist durch 2 Gangträger gekennzeichnet. Die Kammer ist trapezförmig und hat eine Länge von 6 m und eine von 2 m auf 1,2 m abnehmende Breite. Nach der Ausgrabung ist das Grab in seinem ursprünglichen Zustand wiederhergestellt worden. Um die Leistungen der vermutlich in Großfamilien zusammenlebenden Menschen der jüngeren Steinzeit (2500-2000 v. Chr.) zu verdeutlichen, lassen sich folgende Berechnungen anstellen: Granit für Kammer und Einfassung 280 t ($\triangleq$ 19 Eisenbahnwaggons); Erde für Hügel 50 x 7 x 2 m 700 cbm ($\triangleq$ 25 Eisenbahnwaggons). (Sprockhoff 957; IfD 600).

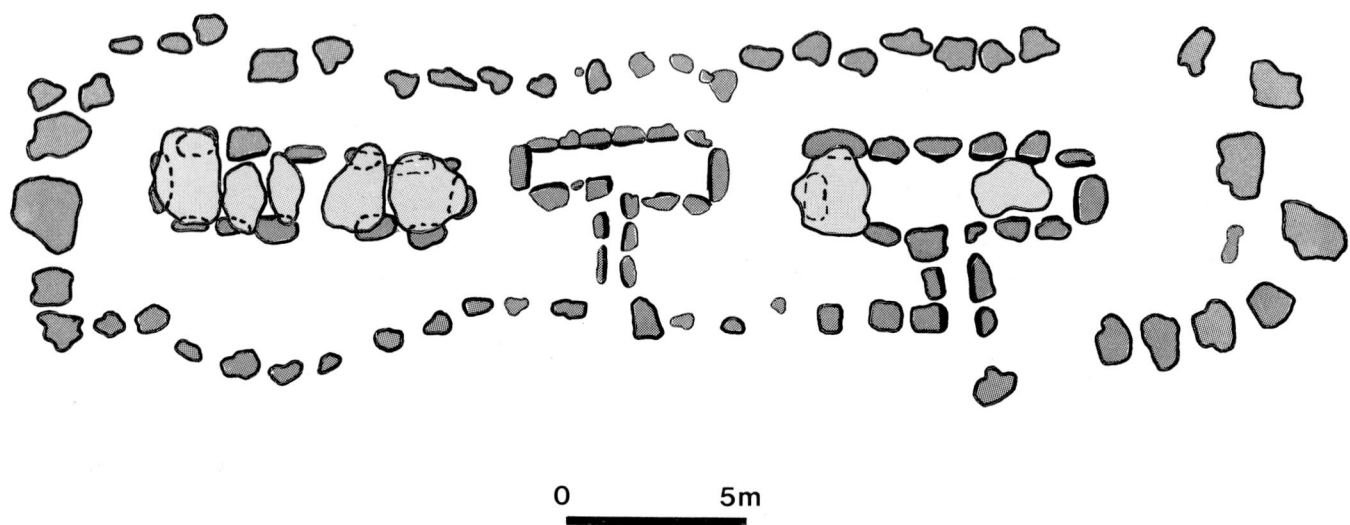

0   5m

49

Kleinenkneten II - „*Große Steine II*"

Stadt Wildeshausen, Landkreis Oldenburg

Das Großsteingrab II von Kleinenkneten ist eine der selten vorkommenden Anlagen mit 3 Kammern. Das Hünenbett ist ungefähr rechteckig und Nordost-Südwest orientiert. Die Breite schwankt zwischen 6 und 8 m. Die Umwallungssteine sind fast alle vorhanden und stehen an ihren Originalplätzen. Kammer 1: Ganggrab mit 12 Tragsteinen. Der Eingang befindet sich in der Mitte der südöstlichen Längsseite. 2 der Decksteine sind erhalten. Kammer 2: Ganggrab mit 12 Tragsteinen und einem ebenalls in der Mitte der südöstlichen Längsseite befindlichen Eingang. Die Decksteine sind nicht mehr vorhanden. Kammer 3: Grabkammer aus 10 Tragsteinen. Auffällig ist eine Lücke in der Mitte der südöstlichen Längsseite, vermutlich der alte Eingang. Ob es sich bei dieser Anlage um ursprünglich 2 einzelne Steingräber (Kammer 1 und 3) mit ovalen Einfassungen gehandelt hat, die erst durch die Anlage der Kammer 2 zu einem einzigen Langbett zusammengewachsen sind, ist nicht geklärt. (Sprockhoff 958; IfD 601).

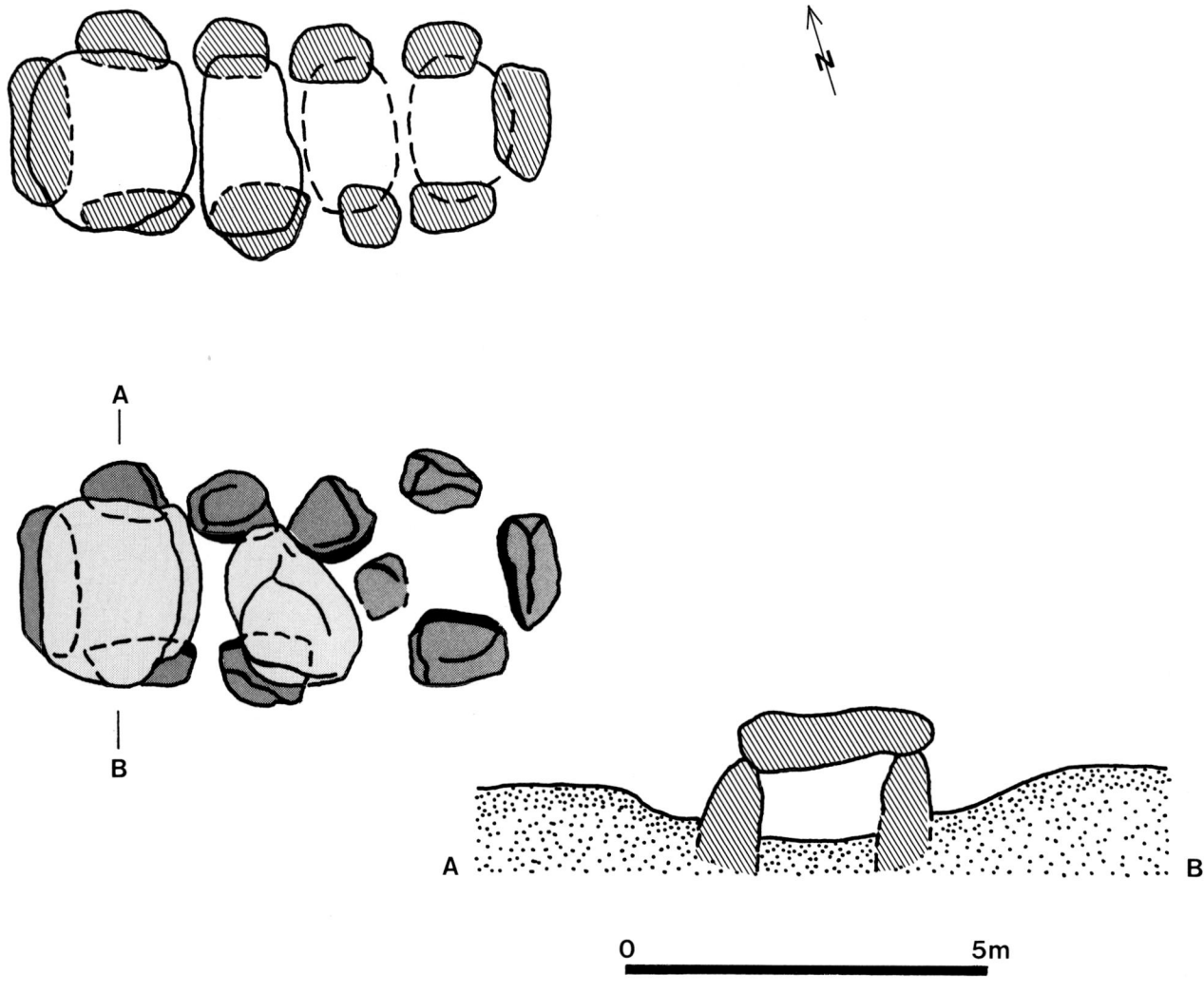

50

Lastrup - „*Stein in Herrenfand*"

Gemeinde Lastrup, Landkreis Cloppenburg

Die Anlage liegt südwestlich von Lindern. Sie ist unter dem Namen „Stein in Herrenfand" bekannt. Die Anlage ist Nordwest-Südost ausgerichtet und besteht aus einer Steinkammer, die in sehr gutem Zustand erhalten ist. Von den ehemals 10 Tragsteinen sind alle entweder komplett oder im Bruch erhalten. Von den ehemals 4 Decksteinen fehlen 2. Die Kammerlänge beträgt 5,9 m und die Breite 1,7 m. (Sprockhoff 962).

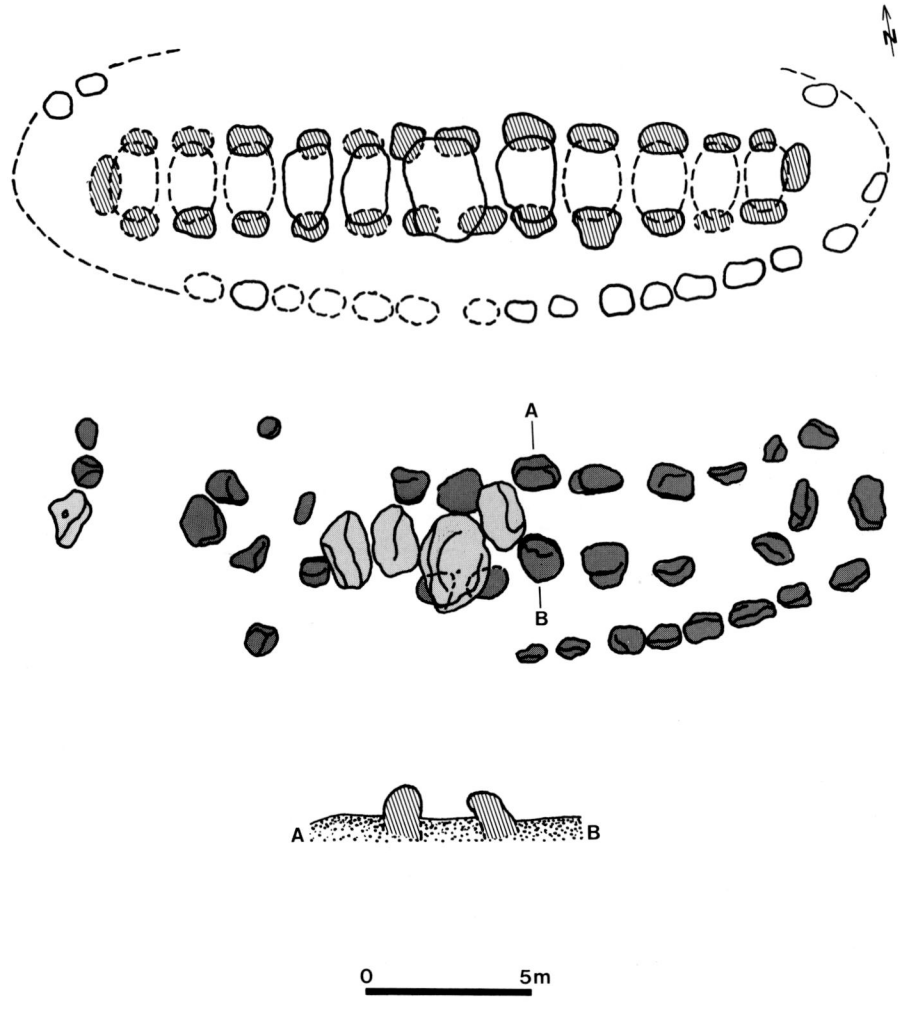

0   5m

51

Lastrup

Gemeinde Lastrup, Landkreis Cloppenburg

Die Anlage 969 liegt südlich von Klein Roscharden, nördlich der Straße 213, dicht neben dem Grab 970. Das Grab besteht aus einer langen Kammer in ovaler Einfassung und ist Ost-West angelegt. Von ehemals 26 Tragsteinen fehlen 7, von den ehemals 11 Decksteinen fehlen 7. Dennoch läßt sich die Anlage gut rekonstruieren. Die gesamte Länge beträgt 25 m bei ca. 6,5 m Breite. Die Länge der Kammer beträgt 17 m und die Breite 1,5 m. Einige der Decksteine liegen noch in der Kammer. Der Eingang wird in der Mitte der Südseite vermutet Das Grab 970 wurde 1886 von Pastor Wulf von einer anderen Stelle geholt und hier aufgebaut. Die Anlage ist Ost-West orientiert. Die Länge beträgt 7,4 m, die Breite 2 m. Decksteine sind nicht vorhanden. (Sprockhoff 969).

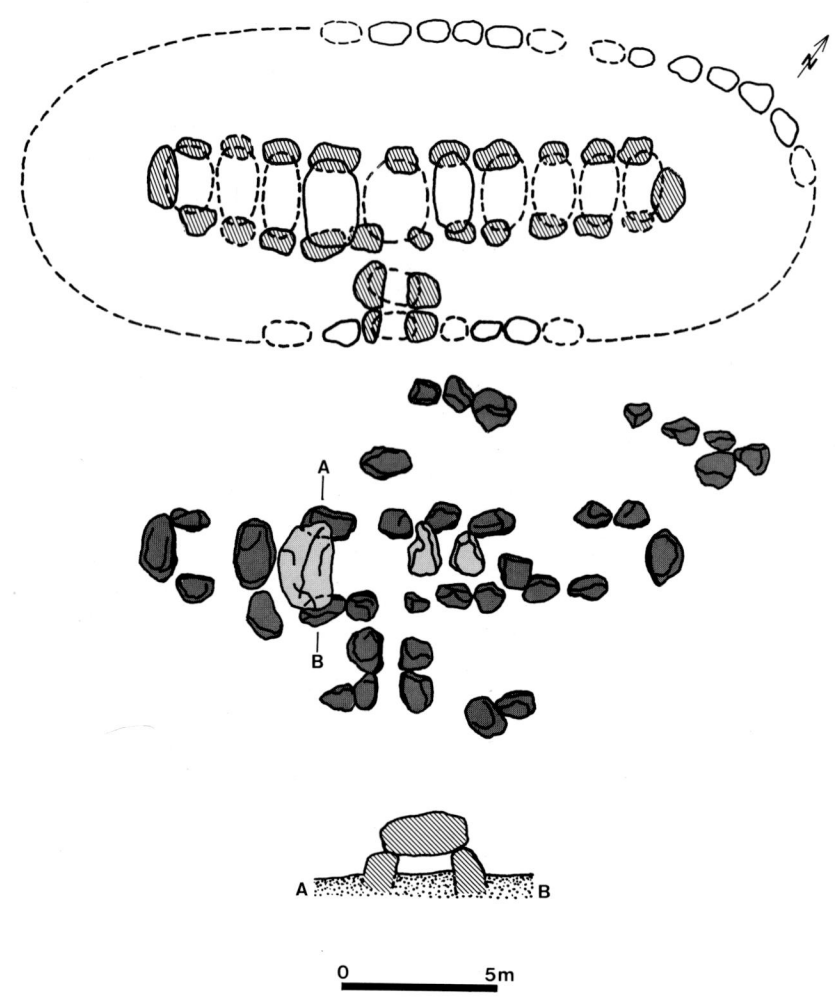

52

Löningen

Stadt Löningen, Landkreis Cloppenburg

Das Grab liegt nordwestlich von Evenkamp. Die Anlage ist Nordwest-Südost angelegt und besteht aus einer ovalen Einfassung mit einer Grabkammer. Von den Einfassungssteinen liegen einige in noch ursprünglicher Lage, zum großen Teil fehlen sie. Von den ehemals 23 Tragsteinen fehlen 3. Von den Decksteinen sind 1 oder 2 in Bruch erhalten. Die ehemalige Zahl beträgt 10 Stück. Der Eingang läßt sich deutlich rekonstruieren und liegt in der Mitte der südwestlichen Längsseite. Die lichte Weite der Kammer liegt bei 15 m zu 1,8 m und verjüngt sich zu den beiden Enden auf 1,4 m. Die Kammer ist zum Teil in den Erdboden eingetieft. (Sprockhoff 973).

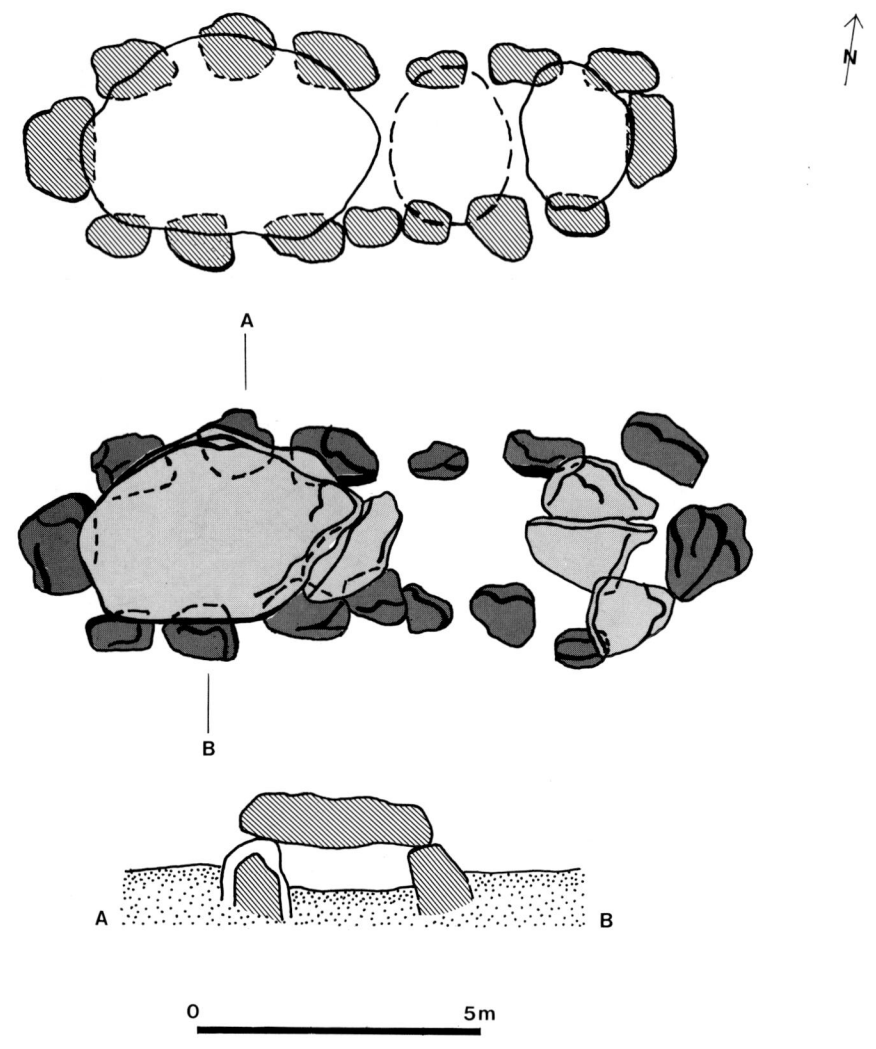

53

Visbek - „*Heidenopfertisch*"

Gemeinde Visbek, Landkreis Vechta

Die Anlage liegt südöstlich von Ahlhorn direkt bei Engelmannsbäke und ist unter dem Namen „Heidenopfertisch" bekannt. Sie gehört zu den bekanntesten Großsteingräbern Nordwestdeutschlands. Die Bezeichnung stammt aus dem 19. Jahrhundert. Die Anlage ist in Ost-West-Richtung ohne Steineinfassung angelegt. Auf der Südseite befanden sich ehemals 7, auf der Vorderseite 6 Tragsteine. Von den 3 Decksteinen sind noch 2 vorhanden, von denen der eine mit seinen ursprünglich 5 m Länge, 7 m Breite, 1,2 m Dicke und mehreren 100 Zentnern Gewicht zu den mächtigsten seiner Art gehört. Die Grabkammer hat eine Größe von 2,5 m x 10 m. Der Eingang liegt vermutlich auf der westlichen Südseite. (Sprockhoff 974; IfD 32).

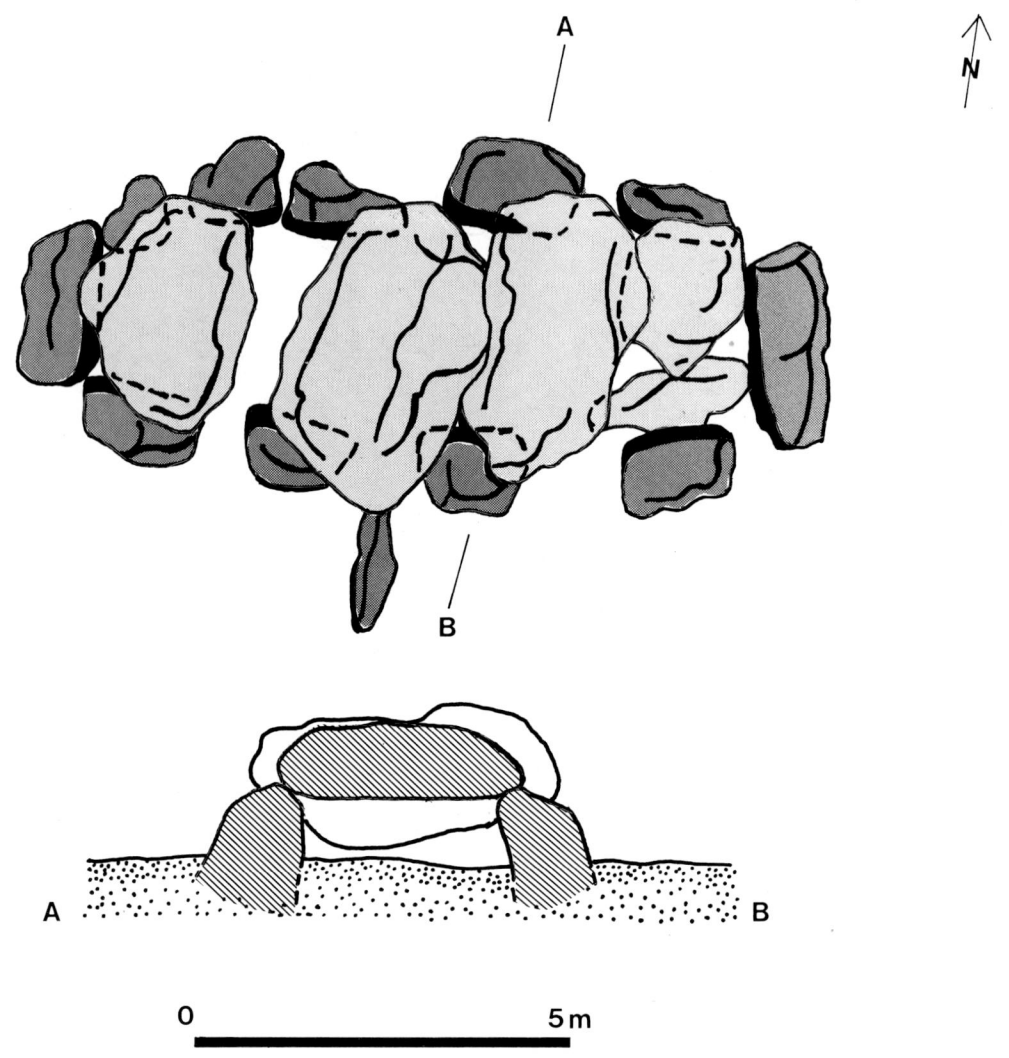

54

Damme

Stadt Damme, Landkreis Vechta

Das Grab liegt südwestlich von Damme, nördlich der Straße Damme-Osnabrück. Die Kammer ist sehr gut erhalten. Sie ist Ost-West angelegt und besitzt keine Einfassungssteine. Alle Trag- und Decksteine sind vorhanden. Der Eingang befindet sich vermutlich auf der Südseite. Die lichte Weite der Kammer beträgt 8,5 zu 3 m in der Mitte, an den Enden 2,5 m bzw. 2 m. (Sprockhoff 978; IfD 34).

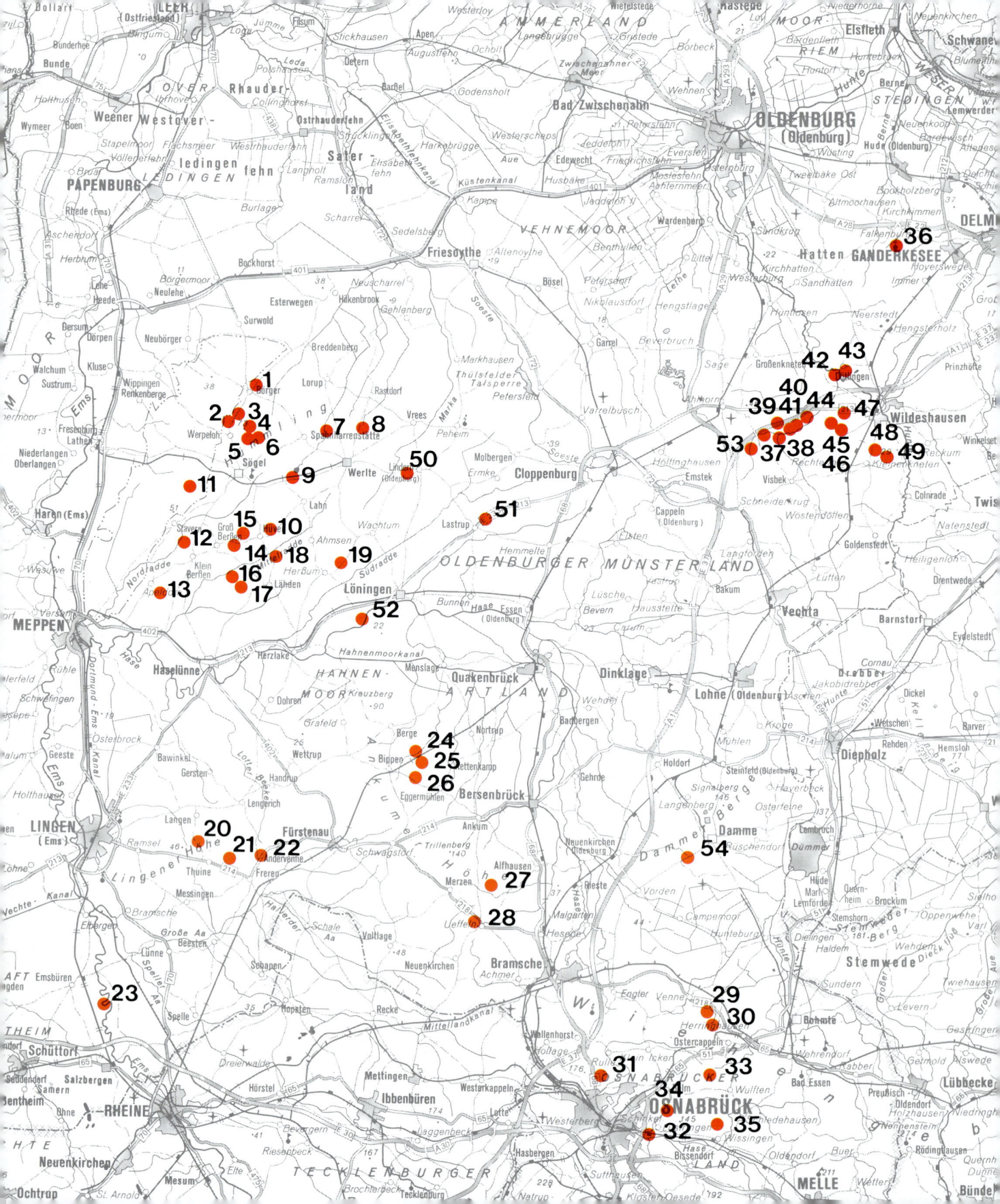

Auf der Übersichtskarte sind die in dem vorliegenden Buch abgebildeten Großsteingräber zwischen Weser und Ems verzeichnet. Die Karte zeigt die drei Großsteingräber-Grupppen im Oldenburgischen, Emsländischen und Osnabrücker Raum.

Kartengrundlage: Vergrößerung der Übersichtskarte von Niedersachsen 1 : 500 000 (1986) auf 1 : 400 000.

Vervielfältigt mit Erlaubnis des Herausgebers: Niedersächsisches Landesverwaltungsamt - Landesvermessung - B5-363/89.